I0391742

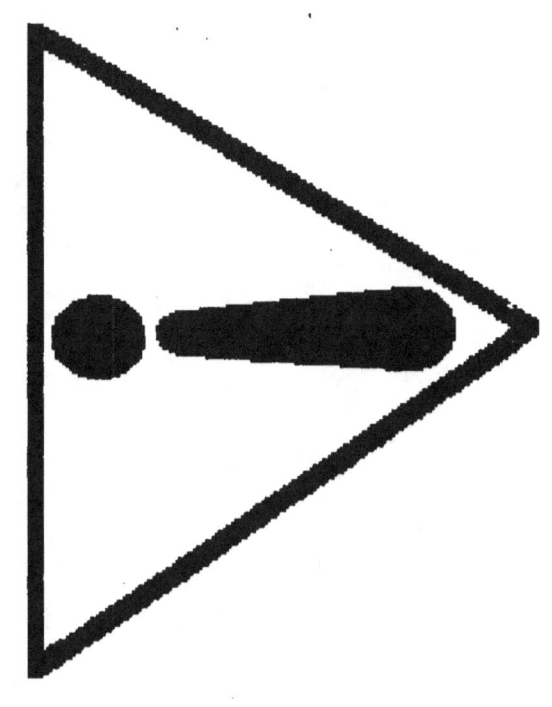

CE DOCUMENT A ÉTÉ MICROFILMÉ
TEL QU'IL A ÉTÉ RELIÉ

DESCRIPTIONS

DES ARTS

ET MÉTIERS.

DESCRIPTIONS
DES ARTS
ET MÉTIERS,

FAITES OU APPROUVÉES

PAR MESSIEURS

DE L'ACADÉMIE ROYALE
DES SCIENCES.

Avec Figures en Taille-douce.

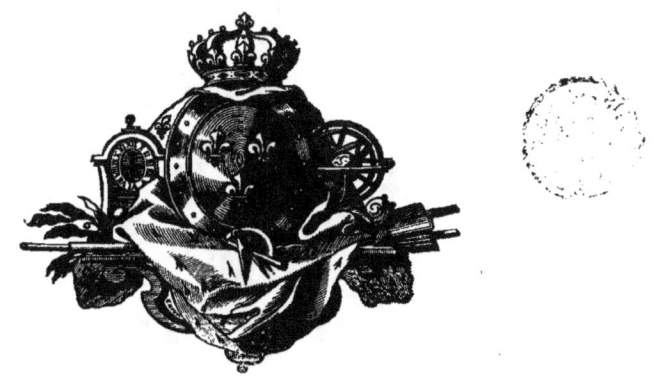

A PARIS,

Chez { SAILLANT & NYON, rue S. Jean de Beauvais;
{ DESAINT, rue du Foin Saint Jacques.

M. DCC. LXI.

Avec Approbation & Privilége du Roi.

L'ART

DE LA

PORCELAINE.

Par M. le Comte de Milly.

M. DCC. LXXI.

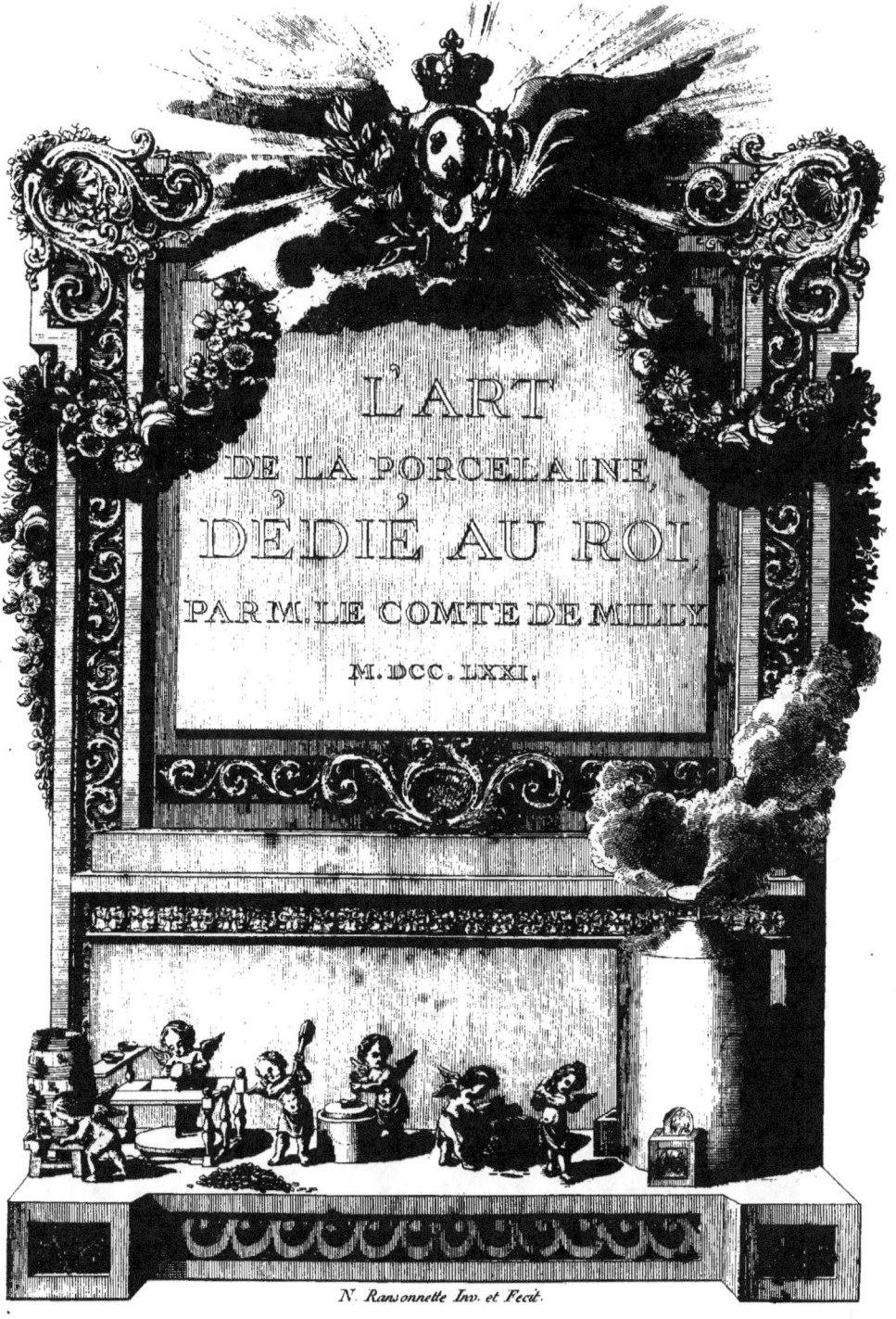

L'ART
DE LA PORCELAINE,
DÉDIÉ AU ROI
PAR M. LE COMTE DE MILLY.
M. DCC. LXXI.

N. Ransonnette Inv. et Fecit.

AU ROI.

SIRE,

Les Arts utiles font naître la profpérité ; ils ont dans tous les temps marqué l'époque de la félicité publique ; & les plus beaux fiecles que l'Hiftoire nous tranfmet, font ceux où le goût du favoir a prévalu :

tels font, SIRE, le fiecle d'Augufte, & celui de
Louis XIV.

LE Roi, votre Aïeul, d'immortelle mémoire,
ainfi que VOTRE MAJESTÉ, protégeoit les Arts,
récompenfoit les Talents, & fa magnificence encoura-
geoit les Sciences, que la barbarie avoit difperfées &
prefque anéanties ; mais en revanche, elles tracerent
le chemin qui l'a conduit à l'immortalité.

Vous faites plus, SIRE: non-feulement VOTRE
MAJESTÉ protege les Sciences & les Arts utiles,
mais Elle daigne encore s'en occuper; comme le prouve
l'Établiffement vraiment Royal de la Manufacture
de Séve, qu'Elle a pris fous fa protection. J'ai cru
que l'Art de la Porcelaine pourroit lui être agréable,
en contribuant à la perfection de celle de France, &
je m'en fuis occupé depuis long-temps : je prends la
liberté de mettre aux pieds de VOTRE MAJESTÉ,
le réfultat de dix ans d'expériences, & le fruit des
moments de loifir, que mes occupations militaires
m'ont laiffés; mais pour m'affurer fi mon Ouvrage
avoit quelque valeur, & pouvoit être préfenté à
VOTRE MAJESTÉ, je l'ai foumis au jugement
de votre Académie Royale des Sciences, qui l'a
approuvé.   LE

ÉPITRE. v

*L E suffrage du Corps le plus savant de l'Europe,
m'enhardit, SIRE ; mais ma plus grande confiance
est dans la bonté naturelle de VOTRE MAJESTÉ,
qui me fait espérer qu'Elle voudra bien recevoir mon
Ouvrage, comme une preuve de mon zele, qui égale
le très-profond respect avec lequel je suis,*

SIRE,

DE VOTRE MAJESTÉ,

Le très-humble, très-soumis,
& très-fidele Sujet,

Le Comte de Milly.

RAPPORT fait par les Commiſſaires nommés par l'Académie Royale des Sciences, pour examiner un Mémoire ſur la Porcelaine d'Allemagne, lu dans une des Séances de ladite Académie le treize Février 1771.

M ESSIEURS de Laſſone, Macquer & moi, (M. Sage) Commiſſaires nommés par l'Académie, avons examiné un Mémoire ſur la *Porcelaine d'Allemagne*, connue ſous le nom de *Porcelaine de Saxe*, que **M.** le Comte de Milly a lu dans une de nos Séances particulieres.

L'objet de l'Auteur eſt de décrire en entier, & ſans nulle réſerve, tout l'art de préparer cette belle Porcelaine d'Allemagne; & ſon but eſt l'utilité publique. Ses Deſcriptions ſont exactes & bien détaillées; les Procédés qu'il donne ont toute la clarté & la préciſion requiſes.

Pour la compoſition de la Porcelaine d'Allemagne, on n'emploie que quatre ſubſtances; ſavoir, l'Argille blanche, le Quartz blanc, des Teſſons de Porcelaine blanche, & du Gyps calciné. On fait en différentes proportions trois mélanges, ſuivant la place que la Porcelaine doit occuper dans le laboratoire du fourneau, où l'intenſité du feu varie. La quantité d'Argille qu'on emploie eſt toujours la même; celle des Teſſons, du Quartz & du Gyps ſont différentes, & M. le Comte de Milly détermine toutes les différences avec la plus grande préciſion pour tous les cas.

On fait calciner le Gyps; enſuite on le mêle avec l'Argille purifiée, les Teſſons & le Quartz réduits en poudre très-fine. On forme du tout, avec de l'eau de pluie, une pâte qu'on laiſſe en macération pendant ſix mois; elle devient bleue, & prend une odeur fétide: on doit l'attribuer au foie de ſoufre qui ſe forme dans le temps de la décompoſition du Gyps. M. le Comte de Milly remarque que l'on conſerve toujours de l'ancienne pâte pour ſervir de ferment à la nouvelle.

Pour préparer la Couverte, on emploie les mêmes matieres, c'eſt-à-dire, le Quartz, les Teſſons de Porcelaine blanche, & les Cryſtaux de Gyps calcinés: on fait trois compoſitions de Couverte en différentes proportions, pour être appliquées ſur les trois Biſcuits relativement aux différences de l'intenſité du feu qu'on leur fait éprouver. Les matieres de la Couverte ſont auſſi ſoumiſes à une macération pareille à celle qu'on pratique pour la compoſition du Biſcuit.

On applique la Couverte, en plongeant le Biſcuit dans un vaſe rempli d'eau, qui tient ſuſpendues les matieres néceſſaires; ces matieres, par cette raiſon, doivent être alkoolliſées, c'eſt-à-dire, réduites en poudre impalpable. Les pieces féchées, on les fait cuire dans le fourneau de Porcelaine : on a foin de fuivre l'ordre de la compofition pour placer les Gafettes dans le laboratoire du fourneau.

Pour ne rien laiffer à défirer, M. le Comte de Milly a donné le plan du Fourneau détaillé dans toutes fes parties, avec les proportions exactes. Ce Fourneau, comme nous l'avons déja dit, a l'inconvénient de produire trois différents degrés de chaleur dans le laboratoire, ce qui exige trois différentes compofitions. MM. de Montigny & Macquer, à qui le Gouvernement a confié les travaux de la Manufacture de Séve, ont fait conftruire un Fourneau où le degré de feu eft par-tout égal, ce qui épargne la peine de faire trois compofitions différentes : ils ont fait de plus, en employant le Kaolin que leur a procuré M. de Bertin, Miniftre éclairé, & Directeur de cette Manufacture, une nouvelle compofition, d'où a réfulté une Porcelaine qui a été mife fous les yeux de l'Académie, & qui réunit tous les caracteres des plus belles & des meilleures Porcelaines connues.

Le Mémoire de M. le Comte de Milly nous paroît mériter des éloges fur tous les points, & nous le croyons digne d'être imprimé dans le Recueil des Savants Etrangers.

Extrait des Regiftres de l'Académie Royale des Sciences.

Du 20 Février 1771.

MESSIEURS de Laffone, Macquer & Sage, qui avoient été nommés pour examiner un Ecrit fur la *Porcelaine d'Allemagne*, connue fous le nom de *Porcelaine de Saxe*, lu dans les Affemblées de l'Académie par M. LE COMTE DE MILLY, en ayant fait leur rapport, l'Académie a jugé cet Ouvrage digne de l'impreffion ; en foi de quoi j'ai figné le préfent Certificat. A Paris, le 23 Février 1771.

GRANDJEAN DE FOUCHY,
Secrétaire perpétuel de l'Académie Royale des Sciences.

AVANT-PROPOS.

AVANT-PROPOS.

Si l'on en doit croire les Relations que nous avons de la Chine, la Porcelaine, que les Habitants de ce Pays-là nomment *Thsky*, y a été connue de toute antiquité; mais on ignore le nom de l'Inventeur (*), ainsi que l'époque de la Découverte : tout ce qu'on fait de positif, c'est que cette Poterie précieuse nous vient de ce vaste Empire; & il y a apparence, dit le P. d'Entrecolles, que ce sont les Portugais qui, les premiers ayant fait le voyage de la Chine, nous en ont apporté la premiere Porcelaine qui ait paru en Europe, le nom même semble le désigner; car Porcelaine vient de *Porcelana*, qui signifie en Portugais *Tasse*, *Ecuelle*. Quoi qu'il en soit, ce n'est que le siecle dernier que le hazard, à qui l'on doit tant de découvertes utiles, fit connoître en Saxe la composition de cette Porcelaine, qui ne le cede ni en bonté, ni en beauté à celle du Japon.

Un Gentilhomme Allemand, nommé le Baron de Boeticher, Chymiste à la Cour d'Auguste, Electeur de Saxe, en combinant ensemble des Terres de différentes natures pour faire des creusets, trouva ce précieux secret, qui s'est conservé depuis avec soin dans la Manufacture de Meissen près de Dresde. Cette Découverte fit du bruit en Europe, & chacun chercha à dévoiler ce nouveau secret. Tous les Chymistes des Nations voisines travaillerent à l'envi à faire de la Porcelaine. Les Anglois firent venir à grand frais de la terre à Porcelaine de la Chine, nommée en Langue du pays *Kaolin*, & ils crurent avec cette seule terre pouvoir faire de la Porcelaine, sans faire attention que pour y parvenir, les Chinois mêlent avec cette premiere terre plusieurs autres substances, dont une se nomme *Pe-tun-tsé*; aussi, au lieu de Porcelaine, ils ne firent que des Briques. On prétend que les Chinois qui leur avoient vendu le Kaolin, ayant appris l'usage qu'ils en avoient fait, leur dirent l'année suivante, que leur tentative ressembloit à celle d'un homme qui prétendroit former le corps d'un animal sans offements & avec de la chair seule ; la comparaison étoit d'autant plus juste, que le Pé-tun-tsé peut être regardé comme

(*) Voyez l'Histoire des Voyages, *Tome VII.*

les os de la Porcelaine, dont le Kaolin eſt la chair (*).

Les François chercherent auſſi à imiter la Porcelaine de la Chine ; & pour cet effet, le Gouvernement chargea les Miſſionnaires à la Chine d'envoyer des matériaux de ce pays-là, pour ſervir d'objets de comparaiſon avec ceux que notre continent pouvoit fournir.

Le P. d'Entrecolles, Jéſuite, homme de mérite, remplit le mieux la commiſſion dont il fut chargé ; mais malheureuſement il joignit à l'envoi qu'il fit des matieres premieres, des obſervations ſur le travail des Chinois, peu juſtes, & il vit les choſes avec des yeux ſi peu exercés, que ſa relation induiſit en erreur tous ceux qui voulurent travailler d'après ce qu'il avoit écrit : en effet, n'ayant pas aſſez de connoiſſances dans l'Hiſtoire Naturelle, & encore moins en Chymie, il ſe trompa ſur la nature des ſubſtances & ſur la façon de les préparer. Par exemple, il prit pour de la crême de Pé-tun-tſé de l'argille blanche délayée dans de l'eau, pour pouvoir en ſéparer les ſables & les parties hétérogenes (**) ; & pour de l'huile de pierre, du quartz réduit en poudre, & mêlé avec des matieres vitrifiées dont on forme le vernis, qui ſert de couverte aux vaſes de Porcelaine.

Je rapporterai en entier les Mémoires du P. d'Entrecolles ſur la Porcelaine de la Chine, parce que malgré les erreurs qu'ils contiennent, ils peuvent donner une idée des matieres qu'on y emploie, & qui ſont les mêmes que le hazard a fait employer en Saxe, comme on pourra aiſément en juger en comparant les procédés que j'indique dans le Mémoire ſur la Porcelaine d'Allemagne, avec ceux rapportés par le P. d'Entrecolles.

Ce fut d'après les faux expoſés de ce Miſſionnaire, que les premiers Chymiſtes François travaillerent, & ne purent réuſſir, à faire de la vraie Porcelaine ; d'où ils conclurent, que l'Europe ne pourroit jamais rien produire d'auſſi excellent, en fait de Porcelaine, que la Chine ou le Japon : enfin le temps qui détruit tout, même juſqu'aux erreurs, a fait voir depuis, que notre continent produit des matieres, ainſi que la Chine, propres à former de la Porcelaine auſſi bonne & plus belle que celle qui faiſoit autrefois notre admiration.

(*) M. de Reaumur penſe que le Kaolin Chinois eſt un Talc pulvériſé ; mais quelque reſpect que nous ayons pour ce grand Phyſicien, nous avons des raiſons de croire que cette ſubſtance eſt abſolument de la nature des Argilles, qui n'eſt peut-être elle-même qu'un Talc décompoſé.

(**) Voyez le Mémoire ſur la Porcelaine d'Allemagne, page 5.

M. de Tfchirnhaufen trouva une compofition de Porcelaine qui, felon les apparences, eft la même dont on fait ufage en Saxe, & que j'ai publiée dans le Mémoire que j'ai lu à l'Académie; il ne la confia en France qu'au feul M. Homberg, fon ami, & ce fut à condition qu'il ne la communiqueroit à perfonne qu'après fa mort. M. Homberg lui tint parole, quoiqu'il furvécût à M. Tfchirnhaufen de plufieurs années, il n'apprit rien de ce fecret au Public. Après lui vint le célebre M. de Reaumur, qui fut le premier de nos Savants qui, à force de génie, foupçonna quelles étoient les vraies fubftances qui entroient dans la compofition de la Porcelaine de la Chine. Eclairé par la Chymie, cet Académicien, dit l'Auteur du Diction-naire de Chymie, » qui s'étoit propofé de connoître à fond cette » matiere, prit la vraie route pour y parvenir; auffi, quoiqu'on ne » puiffe diffimuler qu'il fe foit trompé fur quelques articles, & qu'il » ait négligé de faire entrer dans fes confidérations quelques-unes » des qualités effentielles à connoître pour bien juger la Porcelaine, » il n'en eft pas moins vrai que c'eft lui, qui le premier, nous a donné » les idées les plus juftes fur cet objet. Sans s'arrêter au coup d'œil, » ni aux peintures & dorures, qui ne font que des ornements pour » ainfi dire étrangers à la Porcelaine, il voulut en examiner l'inté- » rieur; & ayant brifé des pieces de Porcelaine du Japon, de Saxe, » & de quelques Manufactures de France, il reconnut auffi-tôt des » différences fenfibles dans leur grain ou mie (*); le grain de la Por- » celaine du Japon lui parut fin, ferré, compacte, médiocrement » liffe, & un peu brillant; la mie de la Porcelaine de Saxe fe préfenta » comme une fubftance encore plus compacte, point grenue, liffe, » & prefque auffi luifante qu'un émail; mais celle de S. Cloud avoit » un grain beaucoup moins ferré & moins fin que celle du Japon, » peu ou point luifant, & reffemblant à peu-près à du fucre.

» Ces premieres Obfervations firent d'abord appercevoir à M. de » Reaumur des différences fenfibles entre ces Porcelaines: en pouf- » fant l'examen plus loin, il leur fit fupporter à toutes l'action d'un » feu violent, & par cette épreuve, il connut bien-tôt que ces mê- » mes Porcelaines différoient encore plus effentiellement entr'elles, » que par la nature de leur grain; puifque la Porcelaine du Japon » réfifta à ce feu violent fans fe fondre ni fouffrir la moindre altéra-

(*) Ce font les noms qu'on donne à la fubftance intérieure de la Porcelaine.

» tion , & que toutes celles d'Europe au contraire s'y fondirent abſo-
» lument (*). Cette différence, très-eſſentielle entre ces deux Por-
» celaines, fit naître à cet habile Obſervateur une idée très-ingé-
» nieuſe & vraie à bien des égards, ſur la nature de la Porcelaine en
» général. Comme toutes les ſubſtances qui portent ce nom ont
» quelque reſſemblance avec le verre, par leur conſiſtance & leur
» tranſparence , quoiqu'elles ſoient moins compáctes & ſur-tout
» moins diaphanes que le verre , M. de Reaumur regarda les Porce-
» laines en général comme des demi-vitrifications. Or toute ſub-
» ſtance peut paroître & être en effet dans un état de demi-vitrifi-
» cation de deux manieres ; car 1°. elle peut être entiérement com-
» poſée de matieres vitrifiables ou fuſibles, & dans ce cas, en l'ex-
» poſant à l'action du feu, elle ſe fondra en effet, ou même ſe chan-
» gera entiérement en verre, ſi la chaleur eſt aſſez forte & aſſez long-
» temps continuée pour cela ; mais comme ce changement ne ſe
» fait point en un inſtant, ſur-tout lorſque la chaleur n'eſt point
» trop violente, & qu'elle paſſe par différents degrés, d'autant plus
» faciles à ſaiſir, que cette chaleur eſt plus ménagée, il s'enſuit qu'en
» ceſſant à propos de chauffer une Porcelaine faite de cette maniere,
» on pourra l'obtenir dans un état moyen , entre l'état terreux &
» celui de fuſion ou de vitrification complette ; elle aura alors la
» demi-tranſparence & les autres qualités ſenſibles de la Porcelaine :
» mais il n'eſt pas moins certain que ſi on expoſe une ſeconde fois
» de pareille Porcelaine à un degré de feu plus fort, elle achevera de
» ſe fondre & même de ſe vitrifier entiérement. Or la plupart des Por-
» celaines d'Europe ſe ſont trouvées avoir cette fuſibilité, & M. de
» Reaumur en a conclu qu'elles étoient compoſées ſuivant le prin-
» cipe dont on vient de parler.

» En ſecond lieu, une pâte de Porcelaine peut être de matiere
» fuſible & vitrifiable, mêlée dans une certaine proportion avec une
» autre matiere réfractaire ou abſolument infuſible au feu de nos four-
» neaux ; & l'on ſent bien qu'en expoſant un pareil mélange à une
» chaleur ſuffiſante, pour fondre entiérement la matiere vitrifiable
» qu'il contient, cette matiere ſe fondra en effet ; mais qu'étant entre-

(*) Cette expoſition prouve que M. de Réau-
mur ne fit ſes expériences que ſur les Porcelaines vitreuſes de France ; & qu'il n'eſſaya pas
celle de Dreſde qui , loin de ſe vitrifier , peut
ſoutenir le degré de feu le plus violent que l'on
puiſſe produire dans nos fourneaux, ſans changer de nature : elle tient le verre de plomb en
fuſion ; & plongée dans les creuſets des Verreries,
elle peut y demeurer des ſemaines entieres ſans
ſe vitrifier.

» mêlée avec une autre matiere qui ne se fond point, & qui conserve
» sa consistance & son opacité, il doit résulter du tout un composé,
» partie opaque & partie transparent, ou plutôt demi-transparent,
» c'est-à-dire, une demi-vitrification ou une Porcelaine, mais d'une
» espece bien différente de la premiere ; car il est évident que la
» partie fusible de cette derniere ayant produit tout son effet, c'est-
» à-dire, ayant été aussi fondue qu'elle puisse l'être pendant la cuite,
» on aura beau l'exposer une seconde fois à une chaleur même
» beaucoup plus violente, elle ne se rapprochera pas davantage de
» la vitrification complette, & se soutiendra dans son état de Porce-
» laine ». Or, comme c'est exactement ce qui arrive à la Porcelaine
d'Orient, M. de Reaumur en a conclu, avec raison, que c'étoit sur
ce principe qu'elle étoit composée.

Il examina ensuite les matieres que le P. d'Entrecolles, Missionnaire
à la Chine, avoit envoyées de ce pays-là, & dont les Habitants de
ces contrées font leur Porcelaine ; il reconnut que le Pé-tun-tsé est
une espece de pierre dure, de la nature de celles que nous nommons
vitrifiables, & le Kaolin une substance talqueuse ; il devoit dire argilleuse, & il auroit approché de plus près de la vérité ; mais ce n'est
pas le lieu d'examiner la nature de ces terres, qui sont absolument
étrangeres à mon objet, mon but étant de donner l'Art de la Porcelaine d'Allemagne, & de démontrer qu'elle égale en bonté & en
beauté celle de la Chine, quoique composée avec des matieres de
notre continent.

M. de Reaumur, occupé sans doute à d'autres choses, ne pous-
sa pas plus loin ses travaux sur cet objet ; car je n'ai aucune
connoissance qu'il en ait parlé depuis l'année 1729, si ce n'est dans
le Mémoire qu'il lut en 1739, où il donne un procédé pour transformer le verre commun en une espece de Porcelaine à laquelle on a
donné son nom, & dont je parlerai dans la suite de cet Ouvrage,
pour completter l'Art des Porcelaines.

Enfin, depuis M. de Reaumur, plusieurs Savants ont suivi la car-
riere qui avoit été ouverte par ce Physicien ; & MM. de Lauragais,
Guettard, Montamy, Lassone, Baumé, Macquer, Montigny, &
Sage (*), tous Chymistes du plus profond savoir, se sont occupés

(*) La Chymie doit à M. Sage la découverte
de l'Acide marin, comme minéralisateur de la
plus grande partie des substances métalliques :
découverte bien intéressante, qui avoit échap-
pé à la sagacité des plus grands Chymistes, &
qui fait honneur aux talents & au savoir de cet
Académicien.

fructueufement du même objet. MM. M^r ·quer & Montigny ont enrichi la Manufacture de Séve d'une nouvelle compofition qui réunit toutes les qualités défirables, & ils font parvenus à employer le Kaolin & le Pé-tun-tfé François, avec autant de fuccès que les Chinois & les Saxons emploient le leur.

    Jufqu'à cette époque, on n'avoit fait dans les Manufactures de Porcelaine établies en France, fans en excepter celle de Séve, que des Porcelaines vitreufes, qui n'avoient que l'apparence extérieure de Porcelaine, mais qui n'en avoient aucune des qualités réelles; elles fe caffoient à la moindre chaleur; & expofées à un feu un peu confidérable, elles s'y fondoient comme du verre, tandis que celles de Saxe & de la Chine pouvoient foutenir, fans fe caffer ni s'altérer, le feu de Verrerie le plus violent. M. le Comte de Lauragais préfenta en 1766 de la Porcelaine de fon invention à l'Académie; elle fut reconnue pour être auffi parfaite que celle qu'on vient de nommer : mais il n'en a point publié la compofition. Je travaillois auffi fur le même fujet depuis long-temps, & ayant été à même dans mes voyages de vifiter différentes Manufactures établies en Allemagne, j'ai joint à mes expériences les obfervations que j'ai faites fur les procédés que j'ai vu pratiquer, & que j'ai enfuite communiqués à l'Académie royale des Sciences dans un Mémoire que j'ai lu le 13 de Février 1771. L'Académie ayant reçu favorablement cet Ouvrage, me chargea de donner l'Art de la Porcelaine. C'eft pour remplir fes vues que j'ai joint à ce Mémoire le Traité des Couleurs propres à peindre fur la Porcelaine : j'y ai rapporté tous les procédés que j'ai vu employer par les Artiftes Allemands, & j'en ai extrait d'autres du Traité des Couleurs de M. de Montamy, de l'Art de la Verrerie de Kunckel, des Mémoires de l'Académie de Berlin, & de M. Hellot, & j'ai répété moi-même une partie des expériences tirées de ces Auteurs. Je n'ai pas la vaine prétention d'avoir donné quelque chofe de nouveau fur les Couleurs & la façon de les employer; en publiant ce fecond Ouvrage, j'ai cherché à être utile plutôt qu'à être original; mais en convenant de bonne foi que les procédés fur les Couleurs ne font pas neufs, j'ofe me flatter que ceux que j'indique pour compofer la Porcelaine d'Allemagne, n'ont été connus jufqu'à préfent que de très-peu de perfonnes, qui en ont fait un fecret.

    On trouvera dans le fecond Mémoire, qui forme la fuite de cet

Ouvrage, non-feulement la maniere de faire les Couleurs, la façon de les employer, celle de les faire fondre, mais encore un fourneau de nouvelle conftruction qui épargne le charbon, & plus commode que ceux ufités jufqu'à préfent. Ceux qui voudront avoir de plus grands détails fur les Couleurs, pourront confulter le Traité des Couleurs pour la peinture en Émail, par M. de Montamy, l'Art de la Verrerie de Néry, Méret, & Kunckel; le Dictionnaire de Chymie, les Mémoires de l'Académie royale des Sciences, l'Encyclopédie, &c. Il me refte encore, pour completter l'Art de la Porcelaine, & pour mettre fous les yeux des Artiftes & des Amateurs ce qui a été dit de plus intéreffant fur cette matiere, à rapporter mot à mot ce que le P. d'Entrecolles, Jéfuite, a écrit fur la Porcelaine de la Chine. Voici comme ce Miffionnaire s'exprime fur ce fujet.

» Les Chinois nomment *Thsky* ou *Tfeky* les ouvrages de cette
» poterie précieufe, qu'en Europe & particuliérement en France on
» appelle *Porcelaine*; ce dernier nom, qui n'eft guere connu à la
» Chine que par quelques Ouvriers ou quelques Marchands qui en
» font commerce avec les Européens, femble venir de *Porcelana*, qui
» fignifie en Langue Portugaife, une *Taffe* ou une *Ecuelle*.

» Il y a bien de l'apparence que les Portugais, qui ont été les pre-
» miers Européens qui ont eu connoiffance de la Chine, & qui ont
» fait quelque négoce à Quantong, donnerent d'abord à tous les
» ouvrages du Thsky le nom qui ne convenoit qu'aux Taffes & aux
» Ecuelles; ces uftenfiles de ménage ayant été fans doute les pre-
» miers ouvrages de Porcelaine qui leur furent préfentés. Ce qui doit
» cependant paroître bizarre, c'eft que les Portugais, par qui le
» nom femble être paffé à toutes les autres Nations de l'Europe, ne
» l'ont pas confervé pour eux, & appellent *Coca*, en leur Langue,
» ce que les autres Nations nomment communément *Porcelaine*.

» On ne fait pas à qui l'on doit la découverte de la Porcelaine; &
» les Annales générales de l'Empire Chinois, qui contiennent tout
» ce qui arrive de mémorable, non plus que les Annales particulieres
» des Provinces, qui confervent la mémoire des faits finguliers qui
» s'y paffent, n'en font aucune mention (*).

» On n'eft guere mieux inftruit de l'époque de cette invention;

(*) Voyez la Relation de la grande Tartarie, | l'Hiftoire des Voyages, *Tome VII.* Voyez auffi imprimée à Amfterdam, *in-12*, en *1757*; & dans | le Dictionnaire de Sayary.

» & tout ce qu'on en fait, c'est qu'elle doit être au moins du com-
» mencement du cinquieme fiecle de l'Ere Chrétienne. Les Annales
» de Feoulam rapportent que depuis la feconde année du Regne de
» l'Empereur Tam ou Te, de la Dynaftie de Tam, c'eft-à-dire, vers
» l'an 442 de Jefus-Chrift, les Ouvriers en Porcelaine de cette pro-
» vince en avoient feuls fourni aux Empereurs, qui envoyoient
» deux Mandarins pour préfider à l'ouvrage.

« Il fe fait de la Porcelaine dans diverfes Provinces de la Chine, &
» particuliérement dans celles de Fo-kien (*), de Quantong & de Kin-
» té-thing (**); mais celle qui fe fabrique dans les atteliers de cette
» derniere eft la plus eftimée, & c'eft celle que, par diftinction, on
» appelloit autrefois en langage Chinois, & comme en efpece de pro-
» verbe, *les Bijoux précieux de Jo-at-cheou.*

» On doit confidérer quatre chofes effentielles dans la fabrique de
» la Porcelaine; fçavoir, la matiere dont on la fait, l'art d'en former
» des vafes ou d'autres fortes d'ouvrages; les couleurs qui fervent à
» la peindre, & enfin la cuiffon, qui eft, pour ainfi dire, la fcience
» de pouffer le feu au degré qui lui eft propre.

Matieres dont eft compofée la Porcelaine de la Chine.

» Il entre dans la compofition de la Porcelaine deux fortes de ter-
» res & deux efpeces d'huile ou de vernis: des deux terres, l'une s'ap-
» pelle *Pé-tun-tfé*, terre blanche, très-fine & très-douce au tact
» (***), & l'autre *Kaolin.*

» A l'égard des huiles, celle qui fe tire des Pé-tun-tfés, fe nomme
» *Yeou de Pé-tun-tfé*, c'eft-à-dire *Huile de Pé-tun-tfé* ou *Tfi - Pe-tun-*
» *tfé*, ce qui fignifie *Vernis de Pé-tun-tfé*; l'autre qui fe fait avec de
» la chaux, s'appelle *Huïle de Chaux* (****).

(*) Celle du Fo-kien & de Quantong eft auffi blanche que la neige ; mais elle eft peu luifante, & n'eft pas peinte de diverfes couleurs.

(**) Bourgade de la Chine où l'on compte plus d'un million d'Habitants : c'eft la grande Manu-facture ; elle fournit de la Porcelaine à tout l'U-nivers, fans en excepter le Japon. Voyez l'Hif-toire des Voyages, *tome VII, page* 121.

(***) Le Pé-tun-tfé eft, felon M. de Reaumur, toutes les terres, tous les fables, & tous les cail-loux qui fe fondent au grand feu; & le Kaolin, c'eft le Talc ou le Gyps qui eft une fubftance incapable ou très-peu capable de vitrification : ainfi nous avons les mêmes matieres que les Chinois. Le feul avantage qu'ils ont fur nous,

c'eft de pouvoir nourrir un Ouvrier à un fou par jour. *Hiftoire de l'Acad.* années 1727, 1729 & 1739.

(****) Pour peu que l'on ait de connoiffance en Chymie, il eft aifé de juger que le P. d'Entre-colles s'eft trompé dans la dénomination ainfi que dans la chofe ; car, premiérement, on ne tire point d'huile de la chaux ; il eft vrai que les anciens Chymiftes ont donné très-impropre-ment le nom d'*huile de chaux* au fel qui réfulte de l'union de l'acide marin avec la chaux, dans la décompofition du fel ammoniac, lorfqu'on diftille de l'efprit volatil de fel ammoniac : mais cette prétendue Huile ne fauroit produire le lui-fant du vernis que l'on voit fur les Porcelaines

Le

» Le Kaolin eſt parſemé de corpuſcules qui ont quelque éclat. Le
» Pé-tun-tſé eſt blanc, très-fin, & doux au toucher. Toutes ces ter-
» res ſe trouvent dans des carrieres, à vingt ou trente lieues de King-
» tſé-ching, Ville où ſont établis les atteliers dans leſquels ſe fait
» la plus belle Porcelaine de toute la Chine, & où ces terres, ou
» plutôt les pierres dont on fait ces terres, ſont tranſportées ſur un
» nombre infini de petites barques, qui montent & deſcendent ſans
» ceſſe la riviere de Jo-at-che-ou.

» Les Pé-tun-tſés arrivent à King-tſé-ching en forme de briques,
» ayant été taillés ſur la carriere, où ils ne ſont naturellement que des
» morceaux d'une roche très-dure : le blanc du bon Pé-tun-tſé doit
» tirer un peu ſur le verd. La premiere préparation des briques de
» Pé-tun-tſé, eſt d'être briſées & réduites, à force de bras, en poudre
» aſſez groſſiere, avec des maillets de fer; on acheve enſuite de le
» broyer avec des pilons dont la tête eſt de pierre armée de fer, qui
» ont leur mouvement, ou par le ſecours de l'eau, ou par le travail
» des hommes, à peu-près comme dans nos moulins à tan ou à pou-
» dre.

» Quand la pierre eſt aſſez broyée, & que la poudre eſt preſque
» impalpable, on la jette dans une grande urne remplie d'eau, & on
» la remue fortement avec une eſpece de pêle de fer : après que l'eau
» s'eſt repoſée quelque temps, on leve de deſſus la ſuperficie une
» ſubſtance blanche qui s'y forme de l'épaiſſeur de quatre ou cinq
» doigts, & l'on met cette eſpece de crême (*) dans un autre vaſe
» rempli d'eau, continuant alternativement de remuer l'eau de
» la premiere urne & de l'écrêmer, juſqu'à ce qu'il ne reſte plus
» que les graviers des Pé-tun-tſés, qu'on remet de nouveau au
» moulin pour en retirer de la nouvelle poudre.

» A l'égard de la ſeconde urne où l'on a jetté ce qu'on a
» recueilli de la premiere, lorſque l'eau eſt bien repoſée, & qu'elle

---

de la Chine. 2°. Si c'étoit de l'huile quelconque,
préparée avec de la chaux, elle ne pourroit ré-
ſiſter au feu ; car on ſçait que « toutes les huiles
» en général ſont volatiles, c'eſt-à-dire, qu'il
» n'y en a aucunes qui, étant expoſées à un cer-
» tain degré de chaleur, ne ſe réduiſent & ne
» s'élevent en vapeurs : la chaleur néceſſaire
» pour faire évaporer les huiles les plus fixes
» n'eſt pas même fort conſidérable ». *Diſtion. de
Chy.* à l'article *Huile.* Ainſi la prétendue huile du
P. d'Entrecolles, n'eſt qu'une préparation des
mêmes matieres qui entrent dans la compoſition

de la Porcelaine, mais en différentes proportions, & combinées avec une plus grande quantité de fondants. Voyez le Mémoire ſur la Porcelaine d'Allemagne, *page 4.*
(*) Cette prétendue crême n'eſt vraiſembla-
blement que les parties les plus légeres & les
plus diviſées de la terre, qui reſtent ſuſpendues
dans l'eau, tandis que les graviers & les parties
les plus groſſieres ſe précipitent au fond : c'eſt
cette opération qu'on nomme *laver les terres,* &
en Allemand *Schwemmen.* Voyez le Mémoire ſur
la Porcelaine d'Allemagne, *page 5.*

» eſt devenue tout-à-fait claire , on la vuide par inclination ; &
» du ſédiment qui reſte & qui s'épaiſſit en forme de pâte , on en
» remplit des eſpeces de moules , d'où , quand elle eſt ſeche , on la
» retire pour la couper en carreaux , qui ſont proprement ce qu'on
» appelle des *Pé-tun-tſés* , qu'on met en réſerve pour les mêler avec
» le Kaolin , dans la proportion qu'on expliquera dans la ſuite.

   » Le Kaolin qui , comme on l'a déja remarqué , eſt la ſeconde
» terre qui entre dans la compoſition de la Porcelaine , eſt beaucoup
» moins dur que le Pé-tun-tſé quand on le tire de la carriere ; &
» c'eſt cependant ſon mélange avec celui-ci qui donne de la fermeté
» à l'ouvrage.

   » Les montagnes d'où l'on tire le Kaolin , ſont couvertes au de-
» hors d'une terre rougeâtre ; les mines en ſont profondes , & il s'y
» trouve en grumeaux à peu-près comme la pierre de craie , ſi
» connue en Europe : la terre blanche de Malthe , qu'on appelle *terre*
» *de St. Paul,* n'eſt guere différente du Kaolin , à l'exception des petites
» particules argentines qu'on ne trouve point dans la terre de Malthe.

   » L'huile de pierre ou *Tſi,* qui ſignifie *Vernis,* eſt la troiſieme ma-
» tiere que les Chinois font entrer dans la compoſition de leurs Por-
» celaines fines : c'eſt une ſubſtance blanchâtre & liquide qu'on tire
» du Pé-tun-tſé , c'eſt-à-dire , de la pierre dure dont on fait les Pé-tun-
» tſés ; toute ſorte de pierre n'y eſt pas également propre , & l'on n'y
» emploie que celle qui eſt la plus blanche & dont les taches ſont les
» plus vertes. Le premier travail conſiſte à purifier de nouveau les Pé-
» tun-tſés & le Kaolin , pour en ôter entiérement le marc qui peut y
» être reſté , ce qui ſe fait à peu-près pour le Pé-tun-tſé , de la maniere
» qu'on a décrite ci-devant pour la préparation des carreaux de Pé-
» tun-tſé ; car à l'égard du Kaolin , comme il eſt plus mol & qu'il ſe
» diſſout aiſément , il ſuffit , ſans le briſer ni le broyer , de le plon-
» ger dans une urne pleine d'eau (*) , enfermé dans un panier très-
» clair : le marc qui reſte de l'un & de l'autre eſt inutile , & l'on en
» vuide les atteliers après qu'on en a amaſſé quelque quantité.

   » Ces atteliers ſont de vaſtes enceintes de murailles , où ſont éle-
» vés divers grands appentis de charpente , ſous leſquels travaillent

(*) Par ce ſeul expoſé , il eſt aiſé de décider que le Kaolin n'eſt point une pierre , mais de l'argille blanche bien caractériſée , chargée de particules talqueuſes ; car ſi c'étoit des pierres , elles ne ſe délayeroient pas dans l'eau , & l'on ſeroit obligé de les mettre en poudre, comme les Pé-tun-tſés , avant de les laver.

» les Ouvriers. Il y a encore quantité d'autres bâtiments qui leur fer-
» vent de demeure; il eſt preſque inconcevable combien eſt grand
» le nombre de perſonnes qui ſont occupées à ces Ouvrages , n'y
» ayant guere de morceaux de Porcelaine qui ne paſſent dans plus
» de vingt mains avant que d'être portés aux atteliers des Peintres,
» & par plus de ſoixante avant que d'avoir leur entiere perfection.

» Pour faire le juſte mélange du Pé-tun-tſé & du Kaolin, il faut avoir
» égard à la fineſſe de la Porcelaine qu'on veut faire : on met autant
» de l'un que de l'autre pour les Porcelaines fines; quatre parties de
» Kaolin ſur ſix de Pé-tun-tſé pour les moyennes , & jamais moins
» d'une partie de Kaolin ſur trois de Pé-tun-tſé (*), même pour
» les Porcelaines les plus groſſieres. En général, tous les Peintres de
» la Chine, particuliérement ceux qui ſont les figures, ſont de très-
» médiocres ouvriers; & il faut avouer que la Peinture eſt un Art que
» cette Nation, d'ailleurs ſi ingénieuſe en toutes choſes , ſemble
» avoir entiérement négligé. Ce défaut ſe trouve parmi les Whapeys
» ou Peintres en Porcelaine, encore plus, ce me ſemble, que parmi
» les autres ; & à la réſerve des fleurs, des animaux, & des payſages
» qui ſont ſupportables, & qui ont quelques régularités, il eſt cer-
» tain que les plus médiocres Apprentifs d'Europe , ſurpaſſent de
» beaucoup leurs plus grands Maîtres, pour la beauté & l'exactitude
» du deſſin.

» Il n'en eſt pas de même des Couleurs que les Whapeys emploient;
» elles ſont ſi vives & ſi brillantes, qu'il ſeroit difficile d'eſpérer que
» les Ouvriers d'Europe puiſſent jamais les imiter dans leur ouvrage
» de Porcelaine fine (**).

» Il ſe fait à la Chine des Porcelaines de toutes couleurs , ſoit
» pour les fonds, ſoit pour les deſſins dont on les orne. A l'égard des
» couleurs des payſages, & autres ſujets, quelques-unes ſont ſimples,
» comme de toutes bleues; ce ſont celles que l'on voit plus commu-
» nément en Europe; d'autres ſont mêlées de toutes ſortes de teintes;

(*) Le Kaolin étant la matiere qui doit ſervir de gluten, pour lier les parties du Pé-tun-
tſé, & le mettre en état d'être travaillé ſur le
tour ou dans des moules, il n'eſt pas trop vraiſemblable qu'une ſeule partie de Kaolin , ſur
trois de Pé ton-tié, ſoit ſuffiſante. Nous croirions
plus volontiers l'inverſe de ce procédé ; c'eſt-à-
dire , que c'eſt trois parties de Kaolin ſur une
de Pé-tun-tſé : il y a apparence que le P. d'Entrecolles s'eſt trompé ſur les doſes, comme ſur
la préparation de la prétendue crême.

(**) Si le P. d'Entrecolles avoit vu les ſuper-
bes & magnifiques Peintures qui ſortent des
Manufactures de Séves , de Frackendal , & de
Meiſſen , il auroit été convaincu que les Ouvriers Européens peuvent employer des couleurs
auſſi belles & maniées avec bien plus d'art & de
goût, que les Whapeys Chinois n'emploient les
leurs.

» d'autres font relevées d'or : les Européens en exportent auffi quel-
» ques-unes de ces dernieres ; & quand elles font de bonnes mains,
» elles font fort eftimées. Le bleu fe fait avec de l'azur, qu'on prépare
» en le faifant brûler pendant vingt-quatre heures dans un fourneau,
» où on l'enfevelit dans du fable à la hauteur d'un demi-pied ; quand
» il eft affez cuit, on le réduit en poudre impalpable, non fur un
» marbre, mais dans des mortiers de Porcelaine qui ne font pas ver-
» niffés, & avec des pilons dont la tête eft de la même matiere (*).

   » Malgré le grand nombre de Porcelaines qui fe fabriquent dans
» prefque toutes les Provinces de l'Empire de la Chine, elles ne laif-
» fent pas d'y être extrêmement cheres, mais non pas autant qu'elles
» l'étoient autrefois : les Annales conservent la mémoire des temps
» où une feule urne coûtoit jufqu'à quatre-vingt-dix écus, & même
» davantage, & encore n'y en avoit-il pas fuffifamment pour fatif-
» faire l'empreffement des Curieux, qui les enchériffoient même
» avant qu'elles fuffent tirées du fourneau.

   » Ce qui caufe préfentement la cherté de la Porcelaine, & fur-tout
» le prix extraordinaire qu'elle fe vend en Europe, c'eft qu'il eft rare
» qu'une fournée réuffiffe entiérement, que fouvent même elle eft
» toute perdue, & qu'il arrive affez ordinairement qu'en ouvrant le
» fourneau, au lieu de trouver de belles Porcelaines, on ne trouve
» qu'une maffe informe & dure, dans laquelle ont été réduites les
» Porcelaines & leurs caiffes, foit que celles-ci fuffent mal condition-
» nées, foit qu'on eût mal dirigé le feu, & qu'on l'eût pouffé trop
» fort.

   » Une autre raifon qui tient (même parmi les Chinois) le prix
» des Porcelaines affez haut, c'eft que les matieres qui entrent dans
» leur compofition, & les bois qui fervent à la cuiffon, devenant
» tous les jours plus rares, deviennent auffi plus chers ; outre que les
» vivres font enchéris, & que les Ouvriers étant moins habiles, ne
» peuvent fournir affez d'ouvrage aux Marchands.

   » On peut ajouter une troifieme raifon qui augmente le prix de la
» Porcelaine, mais qui ne regarde que les Européens ; elle confifte
» en ce que prefque toutes celles que l'on tranfporte en Europe, fe

---

   (*) Helot, dans fon Mémoire fur la Teinture, année 1723, remarque à l'article *Azur* ou
Email, que la raifon pourquoi le bleu de la Porcelaine moderne des Chinois eft beaucoup inférieur à celui de la Porcelaine ancienne, eft que
la pierre d'azur étant devenue rare, ils lui ont
fubftitué l'émail ou l'azur en poudre, que les
Hollandois leur portent.

faifant

» faifant ordinairement fur des modeles nouveaux, fouvent bizarres,
» & où il eft difficile de réuffir. Pour peu qu'il s'y trouve de défauts,
» elle eft rebutée par ceux qui l'ont commandée, & refte entre les
» mains de l'Ouvrier qui, ne pouvant pas la vendre aux Chinois,
» parce qu'elle n'eft pas à leur ufage ni dans leur goût, augmente le
» prix de la Porcelaine qu'ils livrent, afin que les pieces qu'on prend
» portent les frais de celles qu'on rebute.

» On fait auffi de la Porcelaine en Perfe, qu'on ne recherche
» que par fa fingularité; fon fond blanc a le ton jaunâtre ou roux; &
» les couleurs qu'on y applique, font prefque toujours dures & crues.
» Les rivaux que les Chinois auroient le plus à craindre dans ce
» genre de fabrique, font les Japonois. On peut dire que la Porce-
» laine du Japon eft, en général, fupérieure à celle de la Chine, pour
» la fineffe du grain, pour la perfection de la main-d'œuvre, la for-
» me & l'accord des couleurs. Cette fupériorité fe remarque princi-
» palement dans les anciennes pieces de Porcelaines des deux Na-
» tions; car on eft obligé de convenir que les Manufactures modernes
» fe font rapprochées, en quelque forte, en fe familiarifant égale-
» ment avec le médiocre «. *Diction. du Citoyen.*

Il s'enfuit de tout ce qui vient d'être dit dans la Relation du
P. d'Entrecolles, que la Porcelaine de la Chine & du Japon eft compofée au moins de deux fubftances, l'une vitrifiable & l'autre réfractaire, mais qu'on auroit de la peine à reconnoître d'après la defcription de cet Obfervateur; & il n'eft pas le feul Auteur qui ait mal dé-
fini la terre propre à compofer de la Porcelaine: Valérius lui-même
s'eft trompé fur cet article. Voici comme il s'explique en parlant de
cette fubftance.

« La Porcelaine, dit-il, eft une fubftance pierreufe, dure, mais
» caffante & vitreufe, d'une couleur blanche ou bleue, faite avec
» de la terre à Porcelaine, ou de la terre à Pipe (*): il y a 1°, la

(*) Cette définition ne peut guere inftruire le Lecteur. Qu'eft-ce que de la terre à Porce-laine? quel eft le caractere diftinctif de cette fubftance? eft-elle calcaire, vitrifiable, ou ré-fractaire? enfin dans quelle claffe doit-on la ranger? & dans quel lieu la trouve-t-on? La définition auroit été plus intelligible & plus jufte, fi M. Valérius avoit dit que la Por-celaine eft un compofé de plufieurs fubftances, les unes vitrifiables, & les autres réfractaires; telles que l'Argille blanche, le Gyps, & le Quartz: il n'eft pas le feul Auteur qui ait regardé la matiere propre à faire de la Porcelaine, com-me une fubftance fimple, homogene, produite par la nature. La plupart des Chymiftes moder-nes, d'ailleurs fort eftimables, ont cru que le Kaolin des Chinois étoit une fubftance que l'on trouve toute préparée dans la Miniere par les mains de la Nature, propre à produire de la Por-celaine fans aucune préparation; ils ont même adopté ce terme Chinois, pour défigner la ma-tiere compofée pour faire de la Porcelaine. Le Kaolin des Chinois doit être de l'Argille tal-queufe; & le Pé-tun-tfé, une pierre vitrifiable, tel que le Quartz & fes femblables, ou peut-être le Spath fufible, qui a la propriété, par ex-cellence, de vitrifier les terres avec lefquelles on le combine. *Voyez la Lithogeog. de Pot.*

» vraie Porcelaine ; elle est demi-transparente, compacte, semblable
» au verre dans sa fracture, & d'une couleur qui tire sur le bleu (*) :
» elle ne se fend pas quand on y verse la liqueur la plus chaude.

 » 2°. La fausse Porcelaine : elle est entiérement opaque, paroît
» inégale & grumeleuse dans sa fracture, & se brise lorsqu'on y verse
» de l'eau bien chaude.

 » La terre à Porcelaine est une espece de marne tendre (**) , blan-
» che ou d'un gris tendre, fort légere, molle au toucher ; cependant
» elle est quelquefois assez compacte pour pouvoir être polie : il y
» en a aussi qui est inégale, rude au toucher, & brillante comme du
» sablon fin ; l'action du feu la change en un verre demi-transparent,
» foncé & blanchâtre » (***).

 Enfin cet Auteur, d'ailleurs fort estimable, se trompe absolument
sur les terres dont il s'agit ; il nomme cette substance *Minera plumbi
spathacea* , ou *Plumbum arsenico mineralisatum* , *minera spathi-formi-
alba vel grisea* (****) ; il en compte cinq variétés différentes difficiles
à reconnoître : sa division auroit été plus vraie, s'il avoit rangé cette
terre dans la classe des Argilles, & qu'il eût suivi les variétés de cette
espece de terre qui sont très-nombreuses ; comme argille blanche ,
bleu, rouge, verte, terre à pipe , terre à four , terre à foulon , argille talqueuse, &c.

 Il est certain que d'après les principes établis par M. de Reaumur,
on fera toujours de la Porcelaine, en combinant toutes les especes
d'argilles avec des matieres vitrifiables ; telles que les quartz , les
spaths fusibles , & d'autres matieres invitrifiables (*****) ; telles que
les gyps, la craie , &c, en proportions convenables ; mais toutes ces
différentes Porcelaines feront plus ou moins colorées, en raison de

---

(*) La belle Porcelaine ne ressemble point au verre ; elle est lisse dans sa fracture, compacte, mais mate comme l'émail, & fait feu contre le briquet.

(**) On ne peut pas donner une définition plus fausse en tous les points que celle-là ; car la marne est une terre calcaire mêlée d'argile, qui fait effervescence avec tous les acides, & se change en verre spongieux dans le feu. La terre à Porce-laine est argilleuse, ne fermente point avec les acides ; elle donne de l'alun lorsqu'elle est com-binée avec l'acide vitriolique , ainsi que M. Baumé l'a démontré dans son Mémoire sur les Argilles : cette terre poussée au feu, s'y durcit au point de faire feu contre l'acier.

(***) Minéral. de Valérius. *Tome I. page* 40. & *Tome II. page* 173.

(****) *Minera plumbi spathacea* de Wall , est sui-vant les Eléments de Minéralogie Docimastique de M. Sage, le plomb minéralisé par l'acide marin.

(*****) On se sert de cette dénomination très-improprement consacrée par l'usage , pour dé-signer les Gyps, les Pierres à Plâtres, les Craies, & les Pierres calcaires ; car toutes ces substances, regardées jusqu'à présent comme réfractaires , sont, suivant les expériences de M. d'Arcet, très-fusibles, si on les expose à une chaleur conve-nable. Voyez le Mémoire sur l'action d'un feu égal , violent & continué , &c. *page* 44.

 L'Argile & le Gyps, ainsi que la Craie & l'Argile, se fondent mutuellement , & se chan-gent en un verre très-dur : c'est à M. Pot à qui l'on doit la découverte de ce phénomene singu-lier.

la pureté de l'argille ; c'eft de la blancheur & de l'homogénéité de cette terre que dépend la beauté & la blancheur de la Porcelaine : il y a même de l'argille qui ne feroit pas propre à en produire ; toutes celles , par exemple, qui contiendroient des parties métalliques feront fufibles , & ne produiront jamais de Porcelaine.

Une Porcelaine parfaite feroit celle où la beauté & la folidité fe trouveroient réunies à la beauté des formes , à la correction du deffein , & à la vivacité des couleurs ; mais malgré les efforts qu'on a faits pour perfectionner cette matiere , il en exifte peu de pareille ; il fuffit pour s'en convaincre , de faire attention aux différentes qualités qui doivent rendre , & qui rendent en effet la Porcelaine recommandable.

On peut diftinguer, pour ainfi dire, deux efpeces de beautés dans ce produit de l'Art. La premiere eft l'affemblage des qualités qui frappent généralement tout le monde ; comme une blancheur éclatante ; une couverte nette , uniforme , & brillante ; des couleurs vives , fraîches, & bien fondues ; des peintures élégantes & correctes ; des formes nobles bien proportionnées , & agréablement variées ; enfin de belles dorures, fculptures, gravures, & autres ornements de ce genre.

La feconde efpece de beauté dans la Porcelaine, confifte dans plufieurs qualités intrinfeques, & dont la plupart tiennent à la bonté & à la folidité. Cette forte de beauté n'eft bien fenfible qu'à ceux qui favent plus particuliérement ce que c'eft que la Porcelaine; elle eft réfervée pour les connoiffeurs : il faut pour l'appercevoir dépouiller, pour ainfi dire, la Porcelaine de fes ornements extérieurs, la mettre à nud, & l'examiner, à la maniere de M. de Reaumur, dans fes fragments. La plus eftimée à cet égard, fera celle qui fera affez réfractaire pour réfifter au feu le plus violent, & qui pourra paffer du froid au chaud & du chaud au froid fans fe caffer, dont la caffure préfente un grain très-fin, très-ferré , très-compacte, & qui s'éloigne autant du coup d'œil terreux ou plâtreux, que de l'apparence de verre fondu : les plus belles que l'on connoiffe dans ce genre , font l'ancien Japon & celle de Saxe. La Porcelaine moderne de la Chine n'a pas les qualités de l'ancienne, ni de celle de Saxe ; la mie en eft grumeleufe ; & avec la loupe on y découvre des pores, ce qui dénote une pâte peu liée ; mais le liffe de la Porcelaine de Saxe , que bien des gens , peu connoiſſeurs , ont regardé comme un défaut , annonce une combinaiſon de matieres plus parfaite , & une pénétration réciproque des parties conſtituantes de cette Porcelaine , plus exacte que dans les autres Porcelaines , comme le remarque très-bien le ſavant Auteur du Dictionnaire de Chymie.

« La plupart des gens croient de la meilleure foi du monde , dit » cet Auteur , que la Porcelaine ne peut être eſtimée qu'en raiſon de » ſa reſſemblance avec celle du Japon , & ſur-tout une multitude de » prétendus Connoiſſeurs , ſi ſinguliérement ſcrupuleux ſur cet arti- » cle , qu'ils vont juſqu'à faire un démérite à la Porcelaine de Saxe , » d'une qualité par laquelle elle eſt réellement ſupérieure à celle » du Japon; je veux dire de ce que ſa caſſure eſt plus liſſe , plus lui- » ſante , & moins grenue que celle du Japon. On ſent bien que c'eſt » la reſſemblance de cette caſſure , avec celle du verre , qui a donné » lieu à cette idée ; & elle ſeroit bien fondée , ſi cette denſité & ce » luiſant ne venoient en effet que d'une qualité fuſible & vitreuſe ; » mais comme il n'en eſt rien , & que cette Porcelaine eſt tout auſſi » fixe & tout auſſi infuſible que celle du Japon , ſa denſité, bien loin » d'être un défaut , eſt au contraire une qualité très-eſtimable. On ne » peut diſconvenir en effet , que toutes choſes égales d'ailleurs , celles » de ces matieres qui ſont les mieux liées & les plus compactes , ne » ſoient préférables aux autres , parce que cela indique plus de liai- » ſon & une incorporation plus intime entre les parties ; ainſi la » plus grande denſité de celle de Saxe , bien loin de la faire mettre » au-deſſous de celle du Japon , doit au contraire la faire eſtimer » davantage (*).

Enfin le degré de demi-tranſparence convenable , eſt encore une partie eſſentielle de l'eſpece de beauté dont il s'agit ici. La tranſparence de la belle Porcelaine doit être nette & blanche , ſans cependant être trop claire ; il faut qu'elle s'éloigne totalement de l'apparence du verre & de la giraſole. Enfin la caſſure de la Porcelaine décele encore aux Connoiſſeurs une partie du mérite de la couverte , qui ne doit point être un cryſtal diſtinct de la pâte de la Porcelaine ; elle doit être analogue à cette pâte , point vitreuſe , & ſeulement plus liſſe & plus brillante que le biſcuit qu'elle couvre , & d'un blanc parfaitement tranſparent , ſans aucun mélange d'aucune ſubſtance

(*) Dictionnaire de Chymie , *Tome II. pag.* 285.

mate

mate & laiteufe comme la couverte des Fayances : elle fe fait avec les mêmes matieres que la pâte, que l'on rend feulement plus fufibles, en y ajoutant des fubftances vitrifiables en plus grande dofe que dans la pâte. Toutes les fois que l'on mettra une couverte purement vitreufe fur une Porcelaine infufible, les deux fubftances n'étant point homogenes, la couverte fe gerfera, n'aura prefque point d'adhérence à la pâte, & la couverte s'écaillera à la moindre chaleur ; en un mot, lorfqu'elle eft belle, elle doit être femblable à un vernis très-mince, fans couleur, fans gerfure ; elle ne doit laiffer appercevoir que le blanc de la pâte fur laquelle elle eft pofée.

Il en eft de la bonté de la Porcelaine comme de fa beauté, on peut la divifer en deux efpeces. Une Porcelaine eft réputée bonne pour le Public, quand elle foutient, fans fe caffer ni fe fêler, le degré de chaleur de l'eau bouillante, celle du café, du thé, du lait, du bouillon, &c. qu'on y verfe brufquement : mais il eft néanmoins d'autres qualités qui tiennent effentiellement à la bonté de cette matiere, & qu'on ne peut reconnoître que par des épreuves particulieres.

La Porcelaine parfaitement bonne, par exemple, rend, quand on en frappe des pieces entieres, un fon net & timbré, qui approche de celui du métal : les fragments jettent, fous les coups de briquet, des étincelles vives & nombreufes, comme le font tous les cailloux durs ; enfin elle foutient le plus grand degré de feu, celui d'un fourneau de Verrerie, par exemple, fans fe fondre, fans fe bourfouffler, en un mot, fans être altérée d'une maniere fenfible : on peut dire qu'une Porcelaine en général, eft d'un fervice d'autant meilleur, qu'elle foutient mieux les épreuves dont on vient de parler.

Il eft encore des qualités recommandables pour la Porcelaine, qui intéreffent en même temps le Manufacturier & le Public, c'eft l'économie & la facilité avec laquelle elle peut fe travailler. Il n'eft pas douteux qu'il n'y ait un avantage infini à avoir une pâte de Porcelaine, dont la compofition foit fimple, & dont les matieres premieres foient abondantes, peu coûteufes, & dont l'Ouvrier puiffe faire promptement & facilement des vafes de toutes formes & de toutes grandeurs ; une pâte qui ne foit point fujette à fe fendre dans la deffication, à fe tourmenter & à fe déformer lorfqu'on la cuit ; affez ferme pour ne point être étayée de tous les côtés quand on la met dans les gafettes ; enfin, une pâte dont on puiffe faire des fournées d'une réuffite foutenue & conftante. Il a été impoffible juf-

qu'à préfent de réunir tous ces avantages dans une même Porcelaine , ainfi ils fe trouvent partagés. Celle des Indes eft excellente ,
mais elle peche par la blancheur, qui n'eft pas telle qu'on pourroit
le defirer ; celle d'Europe, au contraire , eft d'une beauté & d'une
blancheur admirable ; mais la plupart , à l'exception de celle d'Allemagne & la nouvelle de France, font vitreufes & ne réfiftent pas au
feu : celles d'Allemagne , qui poffedent toutes les bonnes qualités
dont on vient de parler, pechent par la régularité des formes & du
deffein. La Porcelaine de France eft, de l'aveu même des Etrangers ,
fupérieure à tout ce qu'on peut voir de plus agréable & de plus parfait, pour l'élégance des formes , la correction du deffein , le brillant
des couleurs , le vif éclat du blanc , le brillant de la couverte ; mais
elle étoit, il n'y a pas long-temps, fi fragile , & en même temps fi
difpendieufe, qu'elle ne pouvoit fervir , pour ainfi dire , qu'à orner
des appartements ; fi on la tiroit de là pour l'expofer à la moindre
chaleur , elle étoit fujette à fe fêler comme le verre de la nature duquel elle participoit.

Mais la nouvelle que l'on compofe depuis peu à la Manufacture
royale de Séves, peut être regardée comme la premiere du monde ,
tant par fa magnificence extérieure que par les qualités de la nouvelle pâte. MM. Macquer & de Montigny , chargés par le Gouvernement de veiller aux travaux de cette Manufacture , ont trouvé une
nouvelle compofition de Porcelaine auffi fupérieure à l'ancienne,
que les peintures admirables , dont elle eft ornée , le font aux deffeins
incorrects de celles du Japon. Enfin , par les talents de ces deux
Académiciens , & par les foins de M. de Bertin , Miniftre d'Etat , qui
anime les Arts autant par fes lumieres que par fon crédit auprès du
Roi, on a pouffé dans la Manufacture de Séves la perfection de l'Art
de la Porcelaine auffi loin qu'il peut aller. Les avantages que la
France retirera d'une pareille découverte , ne peuvent manquer
d'être fenfibles dans peu de temps, fur-tout fi l'on peut donner la
Porcelaine commune à un prix à portée de tout le monde ; nous
ferions alors affranchis du tribut que nous payons aux Indes & même
à nos Voifins pour leur Porcelaine, dont nous ne pouvions pas nous
paffer; & il y a apparence que les Etrangers donneront la préférence
à notre Porcelaine , quand ils fauront que les qualités de fa pâte
égalent celles de fa beauté & de fes ornements extérieurs.

Sa Majefté a pris fous fa protection la Manufacture établie à Séves , proche S. Cloud. L'Arrêt du Conseil du 17 Février 1760, résilie le Privilége ci-devant accordé, & porte qu'à commencer du premier Octobre 1769, cette Manufacture, & tout ce qui en dépend, appartiendra à Sa Majesté, & sera exploité sous le titre de Manufacture Royale de Porcelaine de France. Cet Edit permet seulement aux autres Fabricants de Porcelaine & Fayance, d'en continuer la fabrication en blanc, & de peindre en bleu, façon de la Chine, seulement ; il leur est défendu d'employer d'autres couleurs, & notamment l'or, & de fabriquer ou faire fabriquer aucune figure, fleur de relief ou autres pieces de sculpture, si ce n'est pour garnir & les coller aux ouvrages de leur fabrication.

Les Porcelaines qu'on fabrique en Angleterre ne valent absolument rien, & ne sont que des vitrifications imparfaites auxquelles il ne manque qu'un degré de feu un peu plus fort pour en faire du verre : malgré ces défauts, les Anglois substituent, autant qu'ils le peuvent, leur Porcelaine à la vaisselle d'argent.

La Manufacture de Franckendhal, dans le Palatinat, fait honneur aux progrès de l'industrie Européenne, & ne le cede pas dans ses ouvrages à celle de Saxe ; elle devient tous les jours plus intéressante & plus digne de la protection du grand Prince qui l'a appellée dans ses Etats, & qui lui a donné, dans la situation la plus avantageuse, ces bâtiments immenses, qu'exigent les différentes préparations de la matiere, & les travaux variés & divisés de cette fabrique, qu'il ne cesse d'encourager par ses bienfaits. Cette Manufacture, qui doit être précieuse au Palatinat, où elle occupe un grand nombre d'Ouvriers de toute espece, est une nouvelle rivale des Manufactures des Indes, qui concourt heureusement à la destruction d'une branche de commerce ruineuse pour l'Europe, mais qui n'arrivera vraisemblablement que quand on sera parvenu à pouvoir donner la Porcelaine d'Europe à un aussi bas prix que celle de la Chine.

La Porcelaine de Franckendhal a le même fond de richesse que celle de Saxe & de France ; elle est comme ces dernieres, bien au-dessus de celles de la Chine & du Japon ; elle est sur-tout recommandable par l'éclat de l'or qu'on applique en feuille avec tant d'adresse, qu'on prendroit les vases qui en sont enrichis pour être faits avec de l'or massif. Cette Manufacture excelle aussi dans les figures ; elle a atteint le degré de perfection de celle de Saxe, & approche de celle de France par la variété & le dessin correct des statues, par la force

& le naturel des attitudes , & par la vérité de l'expreſſion : à ces bonnes qualités on a ajouté l'avantage du bon marché, le prix étant de près d'un tiers au-deſſous de celui des Porcelaines de Saxe.

Il y a encore une autre Manufacture établie par la magnificence du Duc de Wurtemberg, à Louisbourg, près de Stuttgard, qui ne le cede guere à celle de Franckendhal ; la pâte en eſt des plus réfrac- taires, elle réſiſte au feu le plus violent, & ſoutient le paſſage ſubit du froid au chaud & du chaud au froid ſans ſe caſſer ; les formes en ſont agréables ; & l'on y exécute des morceaux d'Architecture pour la décoration des deſſerts , d'une grandeur énorme : nous en avons vu paroître, ſur la table du Duc, de quatre & cinq pieds de haut, & du meilleur goût ; mais la pâte a le défaut de n'être pas d'un blanc auſſi parfait que celui de Saxe & de France ; elle eſt d'un gris cendré, & reſte grenue dans ſa caſſure ; la couverte participe au même défaut, & n'eſt jamais de ce beau blanc qui plaît à l'œil & qui caractériſe les belles Porcelaines : il ſeroit aiſé d'y remédier. Voyez le Mémoire ſur la Porcelaine , *pages 6 & 7.* Il y a encore pluſieurs Manufactures de Porcelaine en Hollande & en Italie ; mais comme elles ne different entr'elles que du plus au moins , & que je n'ai pas été à portée d'exa- miner avec ſoin les pieces de Porcelaine qui en ſortent, je n'en ferai aucune mention. Je crois en avoir aſſez dit pour mettre le Lecteur en état de juger les qualités d'une Porcelaine , & de pouvoir en fabri- quer lui-même s'il le juge à propos.

Pour completter cet Ouvrage, on y a joint la deſcription, le plan, la coupe, & l'élévation d'un Fourneau propre à cuire les Porcelaines les plus réfractaires, où l'intenſité du feu eſt par-tout à peu-près égale, & qui, par conſéquent, n'a pas le même inconvénient que le Four- neau dont on ſe ſert en Saxe & en Allemagne (*), dont j'ai donné la deſcription dans mon Mémoire ſur la Porcelaine d'Allemagne , & qui exige trois compoſitions différentes dans la pâte.

Le Fourneau dont je parle actuellement, eſt le même (à ce qu'on aſſure) dont on fait uſage à la Manufacture de Séves. M. Guettard, de l'Académie Royale des Sciences, qui a travaillé avec tant de ſuccès à la découverte des matieres propres à faire de la Porcelaine, en pré- ſenta les Plans & les Modeles au Miniſtre, qui les remit à la Manu- facture Royale de Porcelaine, avec un Mémoire très-intéreſſant fait par un homme de mérite qui lui eſt attaché , & qui s'occupe du

(*) Planche II, Figure 1 ; & Planche III, Figures 1 & 2.

progrès

progrès des Arts qu'il cultive avec fuccès.

Je rapporterai ce Mémoire en entier, pour faciliter aux Artiftes intelligents les moyens de conftruire & même de perfectionner ce Fourneau, qui doit donner, par la réunion de quatre foyers en un centre commun, une chaleur bien fupérieure à celle de tous les autres Fourneaux connus.

On peut l'employer non-feulement pour la cuite de la Porcelaine, mais encore à cuire les vaiffeaux de grès fi utiles dans les Arts, & fur-tout en Chymie, fans parler des différentes expériences qu'on ne peut pas pouffer auffi loin que les Artiftes le defirent, faute d'un degré de feu fuffifant : c'eft donc un fervice effentiel qu'on rend aux Arts d'en publier la defcription. Voici comme l'Auteur de ce Mémoire s'explique.

Mémoire fur la Conftruction d'un Four à cuire de la Porcelaine dure,
pour la Manufacture de Séves.

« La pâte dont on fabrique actuellement la Porcelaine de Séves,
» eft une fritte d'une grande beauté par fa blancheur, mais qui n'a
» pas la dureté des Porcelaines du Japon, de la Chine, & de Saxe.
» On eft parvenu, après plufieurs recherches, à trouver une terre
» blanche, très-fine, dont les effais ont rempli les efpérances de
» MM. les Académiciens, qui s'occupent du foin de perfectionner les
» ouvrages de la Manufacture de Porcelaine du Roi ; mais le Four
» dans lequel on fait cuire actuellement la Porcelaine de Séves, ne
» peut pas fervir pour une nouvelle Porcelaine, qui ne le cédera ni
» en dureté ni en blancheur aux Porcelaines des plus belles Manu-
» factures de Saxe & du Japon : il eft donc queftion de conftruire un
» Four qui puiffe donner une chaleur par-tout égale, & d'un degré
» de force capable de faire éprouver une demi-vitrification à la pâte
» de la nouvelle Porcelaine, dans laquelle il n'entre point de fon-
» dant.

» Les Fours dont on a donné les dimenfions jufqu'à préfent, ne
» paroiffent pas remplir cette intention, & ne font pas propres à la
» folution du problême.

» J'ai donné à la Manufacture le deffin des Fours dont on fe fert,
» dit-on, à la Chine, pour cuire la fameufe Porcelaine de Chin-the-
» chin ; ce font quatre tours conftruites fur un terrein difpofé en

» pente ; elles font contiguës, & fe communiquent de l'une à l'autre
» par des ouvertures très-larges & de la hauteur de la voûte, prife
» fous la coupole de chaque tour : la chauffe (*) eft au devant de la
» premiere tour, dans laquelle la flamme entre avec rapidité & par-
» court ce long efpace pour fortir au fommet de la derniere tour. De
» cette maniere, le feu qui tend à s'élever du moment où il entre
» dans la premiere tour, frappe l'aire ou le fol de la feconde, qui eft
» plus élevé que celui de la premiere, & ainfi fucceffivement en
» montant jufqu'à la quatrieme.

 » Cette conftruction ingénieufe eft connue en France, dans les
» Poteries de grès de Picardie, où les Fours font conftruits, fuivant le
» même principe, fur un fol en pente, afin que la poterie fe cuife
» également fur une longueur confidérable. Cette conftruction a
» fûrement l'avantage de l'économie ; mais elle paroît fujette à l'in-
» convénient de l'inégalité du feu, qui doit être plus violent à l'en-
» trée du four qu'au milieu & à l'extrémité oppofée, puifque fa
» vivacité eft interrompue par les ouvrages qui, les premiers, en
» reçoivent le choc & le rompent ; ainfi les pieces qui font fur le
» devant du four, doivent être plutôt cuites que celles qui font plus
» éloignées du foyer.

 » Cet inconvénient fubfifte dans le Four Saxon, auquel on ne peut
» remédier qu'en compofant une pâte à différents degrés de fixité,
» fuivant la place qu'elle doit occuper dans le laboratoire du four-
» neau (**), où l'intenfité du feu varie.

 » Ce défaut eft capital dans une Manufacture qui ne doit avoir
» qu'un genre de pâte homogene toujours égale, & qui foit fufcepti-
» ble de foutenir le plus grand feu.

 » Un Four rond, pour peu qu'il foit élevé, ne chauffe pas égale-
» ment : on en a fait l'expérience à la Manufacture de Séves ; ainfi on
» eft encore réduit à chercher un meilleur Four, qui rempliffe les
» conditions du problême : *donner une chaleur très-forte, par-tout égale,*
» *& long-temps continuée au même degré.*

 » Pour parvenir à ce point, j'ai penfé qu'il falloit premiérement
» donner une plus grande quantité de feu qu'on n'en donne ordinaire-
» ment dans les fours, & fuivre ce précepte de Boherhaave, dans
» fon Traité du Feu : *qu'une plus grande quantité de feu, réunie dans*

(*) Terme technique, dont les Ouvriers fe fervent pour exprimer le foyer qui contient les aliments du feu.

(**) Le Laboratoire du fourneau eft la place où l'on expofe les pieces pour les faire cuire.

» *un petit espace, produit un plus grand effet.*

» Secondement, je crois qu'on doit préférer le Four rond à toute
» autre forme, parce que, suivant le même Auteur, le mouvement
» de rotation, que la flamme est forcée d'y prendre, produit le feu
» le plus violent. En effet, toutes les autres formes ne sauroient pro-
» duire un feu parfaitement égal, puisqu'elles le donnent plus
» violent dans le point de leur foyer; la forme parabolique le donne
» plus près du sommet de la courbe; & la forme elliptique, plus
» éloigné, mais toujours dans un point où la réflexion produiroit
» une fusion totale, tandis que les ouvrages cuiroient à peine dans
» les autres points du fourneau.

» D'ailleurs, toutes ces coupes, étant composées ou produites par
» des mouvements opposés, ne sauroient donner un feu de réflexion
» égal par-tout: cela posé, j'ai cru devoir adopter, pour le projet
» du Four que je propose, un Plan qui m'a passé sous les yeux, &
» que j'ai fait dessiner à la suite de ce Mémoire.

» Ce Four est d'une forme circulaire; il est percé par quatre gor-
» ges opposées, dont les lignes collatérales tendent au centre, &
» par lesquelles on chauffe également par quatre endroits: le plan
» géométral *A*, *Fig. I*, *Pl. V*, en fait connoître la construction. Il y
» auroit néanmoins plusieurs changements à faire, si l'on se déter-
» minoit à l'exécuter; telle est, par exemple, l'épaisseur des murail-
» les du Four, qui devroit être au moins de trois pieds au lieu de
» deux, parce que, suivant tous les principes, le feu de réflexion est
» plus grand en raison de l'épaisseur & de la densité de la matiere
» qui lui résiste. Je voudrois aussi que le Four fût construit avec du
» grès scié proprement comme du marbre, afin que les parois du
» Four présentassent une surface plane & unie, ce qui contribue
» beaucoup à réfléchir également une plus grande chaleur.

» On pourroit choisir du grès de Palaiseau, ou de quelque autre
» endroit, qui seroit reconnu le plus dur & le plus compacte; les
» liaisons se feroient avec de l'argille la plus réfractaire possible.

» Je passe à l'explication du Four. Il y auroit entre deux foyers
» une porte assez élevée pour qu'un homme pût y passer; on la
» place à trois pieds au-dessus de l'aire du Four, parce qu'elle doit être
» murée du même grès après qu'on y aura arrangé la Porcelaine; & peut-
» être même cette opposition donneroit du froid à l'aire du four, ou
» tout au moins cette partie ne chaufferoit pas autant que les autres.

» Au furplus, on voit dans les Fourneaux Chinois une porte pareille,
» par laquelle on met les pieces dedans.

» Enfin, quand on voudra enfourner la Porcelaine, on pofera les
» premieres pieces à l'aide d'un marche-pied, jufqu'à ce qu'on foit
» au niveau du feuil de la porte; ou bien deux Ouvriers, placés un
» fur la porte & l'autre dans le four, feront le fervice.

» Il feroit peut-être utile de laiffer un intervalle entre le mur &
» les gafettes, qu'on rangeroit au milieu du Four. On ne s'étendra
» pas davantage fur une queftion que la premiere épreuve décidera
» bien plus fûrement que les plus longs raifonnements. Les gafettes
» feront pofées les unes fur les autres, comme cela fe pratique à la
» Chine, & comme on affure qu'on le pratique auffi dans la Manu-
» facture de Porcelaine de Saxe.

» Pour connoître le point de cuiffon de la Porcelaine, on prati-
» quera au milieu de l'efpace, qui eft entre les gorges ou chauffes,
» des trous quarrés, pour y placer, fur des palettes, des montres (*)
» qu'on retirera, pour connoître le point de cuiffon où les ouvrages
» font parvenus; ces trous fe bouchent exactement avec des pierres
» de grès taillées en quarré & parfaitement de mefure, pour s'y
» ajufter avec une faillie qui fervira à les tirer quand on voudra exa-
» miner les montres.

» Il y aura quatre foupiraux près de la voûte du Four, fans compter
» le foupirail principal G, *Fig. 3, Pl. VI*, qui fera à la clef de la voûte.

» Quand la cuiffon de la Porcelaine fera parfaite, on ceffera de
» mettre du bois; & quand il ne fortira plus de fumée, on laiffera
» tomber les quatre portes de fer, pour fermer exactement les quatre
» gorges C, *Fig. 2, Pl. V*, pour empêcher l'air extérieur de pénétrer
» dans le Four. Enfuite on fermera, peu de temps après, le grand fou-
» pirail & les quatre petits, afin de concentrer la chaleur & de laiffer
» *recuire* la Porcelaine; ce qui contribue à la rendre plus folide &
» moins fujette à fe rompre par le contact de l'eau bouillante.

» On ne retire en Saxe la Porcelaine du Four que huit jours après
» qu'elle eft cuite; cette méthode paroît très-bonne à obferver. Il
» eft inutile d'entrer dans les détails des motifs de l'adopter; ils fe
» fentent fuffifamment, quand on connoît les effets de la réaction de
» l'air & du feu ».

(*) Les montres font des morceaux de Por- | Voyez le Mémoire fur la Porcelaine d'Alle-
celaine que les Ouvriers mettent dans le four, | magne, *page 12*.
pour favoir quand la Porcelaine eft affez cuite. | MÉMOIRE

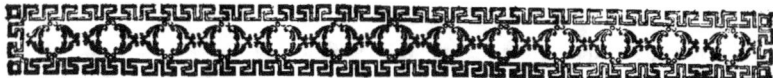

MÉMOIRE

SUR LA

Porcelaine d'Allemagne,

CONNUE SOUS LE NOM DE

PORCELAINE DE SAXE.

La Porcelaine d'Allemagne eſt une des plus réfraĉtaires qui exiſte ; elle a toutes les qualités de celle du Japon, & peut-être lui eſt-elle ſupérieure par la beauté de ſon grain, qui eſt beaucoup plus compaĉt & plus brillant ; ce qui prouve une combinaiſon & une pénétration réciproque des matieres, plus intime & plus parfaite.

Elle réſiſte au feu le plus violent, pour le moins auſſi bien que celle du Japon ; j'en ai tenu une Taſſe pendant pluſieurs heures à un feu de Verrerie, ſans qu'elle ſe mît en fuſion.

Elle ſoutient l'alternative du froid & du chaud ; & les Plats de cette Porcelaine peuvent ſe réchauffer, ſans ſe caſſer, à la flamme de l'eſprit-de-vin ; ce qui la rend d'autant plus intéreſſante, que ſon uſage met à l'abri des inconvénients du verd-de-gris, dont la Vaiſſelle d'argent n'eſt pas exempte, par l'alliage & la ſoudure qu'elle contient.

Il ſeroit donc à déſirer que l'uſage s'en multipliât, & que le prix de cette Poterie précieuſe devînt à la portée de tout le monde ; c'eſt ce qui m'engage à rendre publics les procédés & les détails de la manipulation néceſſaire pour fabriquer cette Porcelaine.

Les grandes précautions qu'on prend en Allemagne dans toutes les Manufactures de Porcelaine, pour cacher les préparations des matieres premieres, ainſi que la forme & les proportions du fourneau, font qu'il eſt preſque impoſſible de rien ſavoir de poſitif ſur ces choſes importantes. Mais ayant été, avec la permiſſion du Roi, pendant pluſieurs années attaché à un Prince Allemand qui a une Manufacture de Porcelaine dans ſes Etats, j'ai été à portée de voir par moi-même, & j'ai eu là-deſſus les détails les plus circonſtanciés, dont je vais rendre compte dans ce Mémoire.

On a regardé jufqu'à préfent comme impoffible, de pouvoir déterminer au jufte un procédé général pour faire de la Porcelaine, comme le dit le favant Auteur du Dictionnaire de Chymie, *page 271*; mais on verra par la fuite de ce Mémoire, qu'en fuivant exactement les procédés qui y font indiqués, on peut facilement en fabriquer, & trouver dans prefque toutes les Provinces du Royaume, les matieres néceffaires pour faire la plus belle & la meilleure Porcelaine.

Ce que l'on nomme à la Chine *Petuntzé*, eft appellé en Allemagne *Kifel*, qui fignifie *caillou*, & n'eft autre chofe que du Quartz blanc & vitrefcible : on nomme *Porcelan erde* (terre à Porcelaine), ce que les Chinois défignent par *Kaolin*, & qui eft de l'Argile blanche ; mais ces deux matieres de premiere néceffité ne fuffifent pas pour produire de la Porcelaine ; il faut encore y ajouter dans des proportions convenables, deux autres fubftances, qui font le Gyps & des fragments de Porcelaine, que les Allemands appellent *Scherben*, & les François *Teffons* : on peut fuppléer à ces Teffons, comme je le dirai dans la fuite.

Mais avant d'entrer dans les détails de la manipulation & des différentes dofes des matieres qui compofent la Porcelaine d'Allemagne, il eft néceffaire de donner une idée générale du Fourneau, que le plan & le modele ci-joints expliqueront plus en détail.

Ce Fourneau eft un parallélipipede plus plein que vuide ; la partie fupérieure eft creufe & furmontée d'une voûte ; c'eft cet efpace qu'on nomme le *Laboratoire*, où l'action du feu agit fur les pieces qu'on y expofe renfermées dans des étuis nommés *Gafettes* par les Ouvriers. Le foyer où fe met l'aliment du feu, eft placé en dehors, à une des extrémités du Fourneau, & vis-à-vis de la cheminée, qui eft à l'autre bout oppofé : la flamme entre dans le Laboratoire par plufieurs ouvertures difpofées à cet effet, circule dans l'intérieur, & fort par la cheminée.

Ce Fourneau étant deftiné à produire & à foutenir pendant long-temps le plus grand feu poffible, il eft abfolument néceffaire que le foyer & le Laboratoire foient conftruits avec les matieres les plus apyres ; il faut pour cet effet faire faire des briques de la même compofition que les gafettes, dont je parlerai dans un inftant.

La grille qui, dans les autres Fourneaux eft de fer ; doit être faite dans celui-ci avec ces mêmes briques pofées fur champ, & dont la partie fupérieure doit être prifmatique, afin que préfentant moins de furface, la cendre ne puiffe pas s'arrêter deffus, & tombe plus aifément dans le cendrier. La chaleur que ce Fourneau produit eft fi grande, que fi la grille étoit de fer, elle fe fondroit ; cependant comme la flamme eft obligée de parcourir un long efpace depuis la partie antérieure du Fourneau jufqu'à celle où eft la cheminée, il eft aifé de juger que le degré de feu ne peut être par-tout de la même force, & que la partie antérieure, marquée n°. 1, étant plus voisine de la matiere embrasée, servant d'aliment au feu, doit éprouver une plus grande chaleur que la partie n°. 2, du milieu du Fourneau, qui est plus éloignée du centre de la chaleur, & celle-ci plus que la partie n°. 3, qui est à l'extrémité du Laboratoire, & proche de la cheminée. Voilà donc le Laboratoire du Fourneau, qui se divise de lui-même en trois parties ; & cette division exige trois compositions différentes, dans la pâte dont on doit former les vases de Porcelaine : la premiere doit être la plus réfractaire, pour être exposée à la partie du Fourneau où la chaleur est la plus forte ; la seconde est pour le milieu, & la troisieme pour l'extrémité, où il y a moins de chaleur.

Voici les différentes compositions.

N°. 1.

	Parties.
℞ Argille blanche.............................	100
Quartz blanc.................................	9
Tessons de Porcelaine blanche................	7
Gyps calciné.................................	4

N°. 2.

℞ Argille blanche.............................	100
Quartz blanc.................................	9
Tessons de Porcelaine blanche................	8
Gyps calciné.................................	5

N°. 3.

℞ Argille blanche.............................	100
Quartz blanc.................................	8
Tessons blancs...............................	9
Gyps calciné.................................	6

Telles sont les doses de matieres qui entrent dans la composition de la pâte de Porcelaine, nommée par les Ouvriers *Masse*, dont on forme les différents vases sur le Tour à potier, *Fig. 3*, *Pl. 2*, ou dans des moules ; mais cela ne suffiroit pas pour produire de la belle Porcelaine : il faut non-seulement le choix des matieres, mais encore le procédé secret, qui seul constitue la beauté & la bonté de la Porcelaine ; car sans lui on ne parviendroit pas à unir & combiner parfaitement les matieres, & la Porcelaine se déjetteroit au feu, seroit grumeleuse, grenue & boursoufflée, & semblable à la fausse Porcelaine que l'on nomme *vitreuse*.

Ce procédé dont on fait un si grand secret en Allemagne, consiste à faire macérer les matieres dans une menstrue convenable, pour en faciliter la combinaison parfaite, comme je l'expliquerai par la suite.

La macération, en occasionnant un mouvement intestin dans les molécules des parties constituantes de la masse, les combine, facilite leur pénétration réciproque, & chasse l'air interposé entr'elles, qui ne manqueroit pas, en se raréfiant dans le feu, de faire éclatter les vases, ou du moins de les déformer, & de couvrir leur surface de petites bulles que les Ouvriers Allemands nomment *blasen.*

Il faut encore, après avoir préparé la pâte, composer le vernis dont on couvre la Porcelaine, en Allemand *Glasur*, & que l'on nomme en François *Couverte.*

Cette Couverte se compose dans les mêmes proportions que la masse, c'est-à-dire, que les pieces qui sont destinées à cuire dans un dégré de feu considérable, doivent avoir une autre couverte que celles qui ne doivent subir qu'une chaleur plus modérée.

Composition des différentes Couvertes.

Nº. 1.

Parties.

℞ Quartz très-blanc 8
Tessons blancs 15
Crystaux de gyps calcinés 9

Nº. 2.

℞ Quartz très-blanc 17
Tessons blancs 16
Crystaux de gyps calcinés 7

Nº. 3.

℞ Quartz très-blanc 11
Tessons blancs 18
Crystaux de gyps calcinés 12

Choix des Matieres.

Le caillou à Porcelaine est un quartz blanc que l'on trouve en abondance dans les montagnes du Charolois, & qui n'est pas rare dans les autres Provinces du Royaume. On choisit le plus blanc, on le lave pour le dépouiller exactement des parties terreuses; ensuite on le casse avec une masse en petits morceaux,

pour

pour en féparer ceux qui font colorés, ainfi que les autres pierres hétérogenes qui pourroient être adhérentes au quartz.

L'Argille doit être bien blanche, & féparée exactement de toutes molécules métalliques, & des terres étrangeres avec lefquelles elle pourroit être alliée.

Le Gyps tranfparent & cryftallifé eft préférable; mais à fon défaut on fe fert de la pierre à plâtre, ou albâtre gypfeux : il faut pareillement le féparer, avec le plus grand foin, des terres & autres impuretés qu'il contient. Le choix des matieres fait, on procede à leur préparation, qui s'exécute par la pulvérifation, calcination, lavage, tamifation, &c.

Préparation des Matieres.

De l'Argille. (*)

APRÈS avoir choifi l'Argille la plus blanche, & en avoir féparé les terres étrangeres, fi elle contenoit quelques parties végétales & inflammables, comme des racines, du bois, paille, &c, il faudroit lui faire éprouver une légere torréfaction; mais fi elle eft pure, il ne s'agit que de la délayer dans fuffifante quantité d'eau de pluie, que l'on ramaffe ordinairement dans les équinoxes, où l'on prétend qu'elle eft plus chargée de corpufcules fermentefcibles provenant des végétaux & animaux détruits, dont les parties ont été portées dans l'air pendant leur décompofition, ce qui fait croire que l'eau de pluie eft plus propre à accélérer & faciliter une nouvelle combinaifon. On broie à la main ou autrement cette Argille, & l'on y ajoute affez d'eau pour la délayer exactement; on la jette dans un vaiffeau cylindrique de trois ou quatre pieds de haut, fermé avec des douves comme un tonneau, & auquel il y a des robinets de haut en bas, de fix pouces en fix pouces, *voyez la Fig.* 4, *Planche IV*; on emplit ce vafe avec l'eau dans laquelle l'Argille eft délayée; & après avoir bien agité le mélange, on le laiffe repofer quelques fecondes, pour donner le temps au fable, dont la pefanteur fpécifique eft plus grande que celle de l'Argille de fe précipiter au fond; alors on foutire la liqueur par le premier robinet, & fucceffivement du premier au fecond, & du fecond au troifieme, ainfi de fuite, jufqu'à ce qu'on foit parvenu au dernier, qui doit être placé à deux ou trois pouces au-deffus du fond du tonneau. On met la liqueur décantée dans des vafes de terre cuite, en forme de cône tronqué & renverfé, *voyez la Fig.* 8, *Pl. II*; on la laiffe repofer jufqu'à ce que l'Argille, qui étoit fufpendue dans l'eau, fe foit précipitée; on verfe cette eau par inclination, & l'on ramaffe foigneufement cette Argille, qui eft extrêmement fine; enfuite on la fait fécher à l'ombre & à l'abri de la pouffiere

(*) L'Argille qu'on emploie en Allemagne pour la Porcelaine, eft un mélange de quatre fubftances; 1°. de l'Argille blanche; 2°. du Mica, en Allemand *filber klett*, efpece de talc brillant; 3°. du Quartz tranfparent : ces trois fubftances ne font point effervefcence avec les acides; 4°. d'une très-petite quantité de Terre calcaire, femblable à de la craie, qui fe diffout avec effervefcence dans les acides.

pour la peſer & la doſer avec les autres matieres. On conſervera auſſi le ſable qui s'eſt précipité dans le fond du tonneau, pour l'uſage que je dirai par la ſuite ; & ſi ce précipité contient encore des morceaux d'Argille qui ne ſe ſoient pas détrempés dans le premier lavage, on les délaye de nouveau, & on les lave avec d'autre Argille, comme ci-devant.

Des Cailloux.

O<small>N</small> caſſe les Cailloux en morceaux de la groſſeur d'un œuf de poule, & on les met ſur un grand gril de fer, diſpoſé de façon que les morceaux ne paſſent point à travers ; on allume un feu de charbon deſſous, & lorſque les Cailloux ſont rouges, on les jette dans l'eau froide pour les rendre plus friables : on répete cette opération juſqu'à ce que l'on puiſſe les piler aiſément ; alors on les porte au moulin. Quand le Caillou a été mis en poudre fine, on le paſſe par le tamis de ſoie, & l'on repile celui qui eſt reſté ſur le tamis.

Des Teſſons.

O<small>N</small> prend des morceaux ou fragments de Porcelaine ; on choiſit les blancs de préférence, ſur-tout pour ceux qui ſont deſtinés à entrer dans la compoſition de la Couverte ; on les pile le mieux qu'il eſt poſſible dans un mortier d'agate ou d'autres pierres dures, & enſuite on les paſſe au moulin pour achever leur pulvériſation. Quand on n'a pas de Teſſons pour commencer un travail en grand, on prend la compoſition du N°. 3, dont on forme des petits pains de l'épaiſſeur d'un écu de ſix francs ; on les fait cuire en Porcelaine, enſuite on les traite comme les Teſſons : mais il eſt plus ſûr d'avoir des morceaux de Porcelaine caſſés.

Du Gyps.

P<small>REMIEREMENT</small> on pile bien le Gyps ; & lorſqu'il eſt réduit en poudre fine, on en remplit une chaudiere de cuivre, & l'on donne un feu de calcination : la matiere ſemble d'abord bouillir, ſur-tout quand l'eau de la cryſtalliſation commence à ſe diſſiper ; on continue le feu juſqu'à ce que le mouvement ceſſe, & que la poudre ſe précipite ſur elle-même au fond de la chaudiere, ce qui eſt le ſigne d'une calcination ſuffiſante.

Quand le Gyps eſt refroidi, on le pile de nouveau & on le paſſe par le tamis de ſoie ainſi que le Caillou.

Du Mélange & de la Macération.

T<small>OUTES</small> les matieres ainſi préparées, & l'Argille après avoir été lavée, bien ſéchée & réduite en poudre, on peſe les doſes & on les mêle exactement,

en les paſſant pluſieurs fois toutes enſemble par un tamis de crin moins ſerré que
ceux de ſoie, dont on s'eſt ſervi pour les premieres préparations ; enſuite on
les arroſe avec de l'eau de pluie, pour en former une pâte qui puiſſe être tra-
vaillée ſur le tour ; on met cette pâte dans un foſſé en forme de baſſin creuſé
en terre, ou dans des tonneaux que l'on couvre, pour garantir la Maſſe de la
pouſſiere, avec des couvercles de bois qui ne joignent pas exactement, afin de
laiſſer accès à l'air ambiant néceſſaire à la fermentation : on s'apperçoit qu'elle
eſt à ſon terme à l'odeur, à la couleur & au tact ; à l'odeur, qui ſe rapproche
du foie de ſoufre décompoſé, ou à des œufs pourris ; à la couleur, qui de blanche eſt devenue d'un gris foncé ; & au tact, car la matiere eſt plus moëlleuſe &
plus douce au toucher qu'avant la fermentation : plus la Maſſe eſt vieille, &
mieux elle réuſſit. C'eſt un uſage dans les Manufactures en Allemagne, de
préparer la Maſſe deux fois par an, c'eſt-à-dire, aux deux équinoxes ; parce que
l'on croit avoir remarqué que l'eau de pluie, dans ce temps, eſt plus chargée
du ferment univerſel, & qu'elle exécute plus promptement & plus complette-
ment la fermentation. Il faut avoir grand ſoin que la matiere ne ſeche point, &
il faut entretenir l'humidité néceſſaire à la fermentation, en l'arroſant de temps
à autre avec de l'eau de pluie.

On conſerve toujours de l'ancienne Maſſe pour ſervir de ferment à la nouvelle ; & l'on n'emploie, pour former les Vaſes, que de la Maſſe qui a au moins
ſix mois. C'eſt là en quoi conſiſte la manipulation ſecrette, & le tour de main
que l'on cache ſoigneuſement. Il n'y a jamais qu'un ſeul homme dans la Manufacture qui ait ce détail, & duquel on s'eſt aſſuré par le ferment. Il ſe cache
pour doſer les matieres ; & le lieu où la Maſſe fermente eſt toujours fermé, &
perſonne ne peut y entrer. On ne lave point la poudre de Caillou, ni celle
des Teſſons ; car ces deux ſubſtances ayant une peſanteur ſpécifique plus grande
que celle de l'Argille, il s'enſuivroit que ſi l'on mêloit ces trois matieres pour
les laver enſemble, les Cailloux & les Teſſons ſe précipiteroient, & il ne reſte-
roit dans la Maſſe que l'Argille ſeule ; c'eſt pourquoi il faut paſſer ces deux
poudres par le tamis de ſoie, toutes les deux ſéparément, pour les mêler enſuite
avec l'Argille préparée, comme il a été dit ci-deſſus.

Dans pluſieurs Manufactures d'Allemagne, on conſerve le ſable qui s'eſt précipité pendant le lavage de l'Argille, lorſqu'il eſt pur, blanc, & homogene,
ce dont on s'aſſure par le moyen de la loupe ; alors on le pile, & après l'avoir
tamiſé on l'ajoute à la Maſſe, en diminuant à proportion la quantité du Caillou
que l'on devoit y mettre ; la raiſon de cela, c'eſt qu'on croit que l'Argille eſt
produite par le ſable décompoſé, & par conſéquent que le ſable contenu dans
l'Argille, lui eſt plus analogue que le Quartz qu'on y ajoute. Ce ſentiment eſt
d'autant plus vraiſemblable, qu'il ſe rapproche du ſyſtême de l'illuſtre M. de
Buffon, à qui la Nature ſemble avoir dévoilé ſes myſteres les plus ſecrets. Voyez
la Théorie de la Terre, *Tome I, page* 382, de la petite Edition nouvelle.

De la maniere de former les Vafes de Porcelaine fur le Tour & dans les Moules.

QUAND la matiere a été préparée de la façon que je viens de le dire, & qu'on juge, d'après les fignes que j'ai indiqués, que la macération a été complette, le Tourneur & le Mouleur fe difpofent à en former des Vafes de différentes formes. Je vais parler fuccintement du travail de ces deux Ouvriers, qui eft trop connu pour m'y arrêter long-temps.

On commence à humecter la pâte qu'on veut tourner ou mouler, avec de l'eau de pluie, & on la pêtrit de nouveau avec les mains, pour l'amollir au point qu'on le défire; enfuite le Tourneur en prend des morceaux d'une groffeur proportionnée à l'ouvrage qu'il veut faire; il pofe cette pâte fur le centre de la roue (*a*) du Tour, *Fig. 3*, *Pl. III*; il la met en mouvement par le moyen de la grande roue (*b*), qui fe meut avec le pied, & il en forme des Vafes groffiers & très-épais, avec des outils de bois, *Fig.* 17, 18, 19, 20, 21, 22 & 23, *Pl. II*: il met ces Vafes ainfi ébauchés fur une planche, qui pofe elle-même fur la tablette (*d*), *Fig. 3*, *Pl. III*. Quand cette planche eft affez chargée, on l'enleve pour l'expofer à l'air, afin que la plus grande partie de l'humidité des Vafes puiffe s'évaporer; & quand ils font au point de ficcité convenable, on les remet fur la roue pour achever de les tourner le plus délicatement qu'il eft poffible avec des outils d'acier bien tranchants, *Fig. 16*, *Pl. II*, propres à cet ufage; c'eft ce que les Ouvriers nomment *tournaffer*; enfuite le Tourneur prend la piece qu'il a rendu très-mince, il la trempe dans l'eau, & la met dans un Moule de plâtre qu'il a devant lui fur la table (*G*) du Tour, *Fig. 3*, *Pl. III*; il paffe une éponge légérement par-deffus, pour faire prendre au Vafe la forme exacte du Moule : c'eft ainfi que toutes les pieces de même nature font toutes de la même hauteur, & ont toutes la même dimenfion. Quand on commence à ébaucher les pieces fur le Tour dans le premier travail dont j'ai parlé, on fe fert de l'inftrument *Fig. 15*, *Pl. II*, qui eft une efpece de jauge, pour que les Vafes foient à peu près de la même hauteur, & qu'ils puiffent mieux entrer dans les Moules. La defcription de cet inftrument fe trouve à l'Explication des Figures. C'eft ainfi que le travail du Tourneur s'exécute.

Le travail de celui qui fait les figures n'eft pas fi long; mais il exige bien plus d'adreffe, parce que le Modeleur doit favoir deffiner & bien fculpter : il a, de même que le Tourneur, des Moules de plâtre dans lefquels il enfonce la pâte; & après l'y avoir laiffée repofer quelques moments, pour lui donner le temps de fécher un peu, il en retire les figures moulées. Lorfque ces figures ne peuvent pas fe retirer toutes entieres, on réunit les morceaux avec de la pâte de Porcelaine délayée dans l'eau; enfuite on acheve de les réparer avec des petits outils de bois ou d'ivoire, un pinceau & une éponge; après quoi on les fait fécher.

Leu

Les Moules dont on fe fert pour ce travail doivent être faits par un habile Sculpteur : ils font ordinairement de pieces & de morceaux tous numérotés, pour reconnoître leurs places. Si le Moule n'étoit que d'une ou deux pieces, les groupes ne pourroient pas fe retirer des creux, & fe gâteroient en fortant des moules.

Ordinairement le Sculpteur fait les Modeles avec de la terre ou de la cire à modeler, & il les donne enfuite au Mouleur, qui exécute fes Moules deffus.

Si l'on veut mettre quelques ornements aux Vafes de Porcelaine, comme des fleurs, des feuillages, ou des fruits en relief, il faut les former à part dans des Moules, & les attacher avec de la pâte délayée. Il eft abfolument néceffaire que l'Ouvrier qui eft chargé de cette befogne, fache deffiner & fculpter, pour être en état de finir fon travail fans gâter l'ouvrage du Sculpteur, & fans perdre les beautés du Modele.

Préparation de la Couverte.

On prépare les matieres deftinées à former la Couverte, & dont les dofes ont été données ci-devant, en les paffant par le moulin, ou en les pilant dans des mortiers d'agate ou de pierres très-dures ; on les paffe par le tamis de foie très-fin ; enfuite on les mêle exactement, & l'on en forme une pâte comme la Maffe de la Porcelaine, que l'on fait macérer de la même maniere.

Dans cette préparation on n'emploie pas le lavage, qui ne convient qu'à l'Argille feule. Quand cette compofition a fubi le degré de macération convenable, ce qu'on reconnoît aux mêmes fignes indiqués pour la Maffe, on la met dans un grand vaiffeau de bois ou de terre, pour la délayer dans une fuffifante quantité d'eau diftillée, ou tout au moins filtrée, de maniere que le tout devienne comme de la crême, d'une liquidité moyenne ; mais pour connoître au jufte la denfité néceffaire de cette crême, on prend un morceau de cette Porcelaine, que l'on fait cuire en Bifcuit ; on le trempe dans cette compofition, que l'on a foin d'agiter préalablement ; ce Bifcuit abforbe dans un inftant l'eau qui tenoit la Couverte fufpendue, & laiffe cette matiere fur la furface du Bifcuit, étendue également ; on gratte alors avec l'ongle ou avec un morceau de bois, pour découvrir l'épaiffeur de la Couverte, qui ne doit pas être plus épaiffe qu'une feuille de papier à fucre ; fi elle n'étoit pas affez liquide, on y ajouteroit de l'eau ; & fi elle l'étoit trop, on y mettroit plus de matiere, jufqu'à ce qu'on ait trouvé le degré de denfité convenable.

Il faut toujours remuer la compofition à chaque piece que l'on trempe dedans, fans quoi la matiere fe précipiteroit au fond, & les pieces ne fe couvriroient pas également, ce qui rendroit la Porcelaine truitée & défagréable à la vue.

De la Cuite du Biscuit.

ON appelle *Biscuit*, la Porcelaine qui n'a eu que le premier degré de cuisson, qui n'a pas reçu la Couverte, & par conséquent qui n'a aucun luisant.

Pour la mettre en cet état, il n'est pas nécessaire de lui faire éprouver un degré de feu aussi fort que quand elle a reçu sa Couverte, & qu'on veut lui donner le degré de chaleur qui doit la constituer Porcelaine.

PLANCHE II. On se sert pour cette premiere opération, d'un Fourneau ordinaire de Fayancier, *Fig. 6* (*).

Dans cette premiere cuite, il n'est pas nécessaire d'observer les numéros des différentes compositions, puisque toutes les pieces sont exposées à-peu-près au même degré de chaleur, qui n'est pas plus fort que celui que l'on fait éprouver à la fayance.

On enferme les Vases de Porcelaine dans les étuis nommés *Gasettes*, que l'on empile les unes sur les autres jusqu'au haut du Fourneau, & on les lute avec de la terre à potier, de la maniere que l'indique la *Fig. 7, Pl. II*.

Pour connoître le degré de cuisson nécessaire pour mettre les pieces de Porcelaine en état de recevoir la Couverte, on a des morceaux de Biscuit, que l'on retire du Fourneau de temps en temps; & après qu'ils sont froids, on les met sur la langue: s'ils s'y attachent fortement, c'est une preuve que le Biscuit est assez cuit; on éteint le feu, & lorsque le Fourneau est froid, on en retire les pieces, que l'on plonge les unes après les autres dans la Couverte, comme il a été dit.

Il faut toujours échauffer le Fourneau par degrés, pour donner le temps à l'humidité de la Masse, de s'évaporer petit à petit, sans quoi on courroit risque de tout gâter.

Il faut apporter la plus grande attention à ne point confondre les différentes compositions, & pour cet effet mettre sur les pieces le numéro de leur Masse, soit pour les mettre en Couverte, soit pour la seconde cuite, où chaque piece doit éprouver un degré de chaleur proportionné à la matiere dont elle est composée.

Des Gasettes.

LES Gasettes sont des vases de terre qui doivent soutenir le feu le plus violent; elles sont formées avec trois parties d'argille la plus pure, & deux parties de la même argille, cuite en grais, plus ou moins suivant la ductilité de l'argille

---

(*) Quoique la Figure 6 soit suffisante pour donner une idée du Fourneau de Fayancier, qui sert à la cuite du Biscuit, & qui est connu de tout le monde, en voici les proportions, qui ne sont point exprimées dans la Figure.

10 pieds de long sur 7 pieds de largeur, & 9 pieds de haut en tout; la voûte inférieure de 3 pieds & demi de haut; la porte ne doit être que de la largeur de trois briques, c'est-à-dire, à peu-près 20 pouces de large, pour pouvoir y entrer de côté. *Voyez la Fig. 6. Pl. II*.

& du fable qu'elle contient ; car pour les Gafettes, on ne fe donne pas la peine de laver l'argille, quand elle ne contient que du fable pur.

On en fait de différentes grandeurs, fuivant les pieces que l'on veut y enfermer ; elles font deftinées à recevoir les Vafes de Porcelaine que l'on veut faire cuire, pour les garantir du contact immédiat de la flamme, & fur-tout pour empêcher les pieces de s'écrafer par leur propre poids, fi on les entaffoit les unes fur les autres.

On en forme de différentes façons, les unes avec des fonds, & les autres fans fonds ; ces dernieres ne font, à proprement parler, que des efpeces de cercles qui fervent à augmenter la hauteur de celles qui ont des fonds ; il faut qu'elles foient faites de maniere à pouvoir fe placer les unes fur les autres, & par conféquent d'un diametre égal.

Outre ces deux efpeces de Gafettes, il faut encore avoir des plateaux ronds de la largeur du diametre extérieur des Gafettes, lefquels plateaux fervent de fonds ou de couvercles aux Gafettes qui n'en ont pas. Les fonds & les plateaux doivent être percés d'un trou à leur centre, pour donner paffage à la chaleur & à la vapeur qui s'éleve dans la premiere cuite. *Voyez les Fig.* 7 & 10, *Pl. II.*

Il faut obferver de laiffer toujours un petit efpace entre les Gafettes, quand on les met dans le Fourneau de Fayancier, pour la cuitte du Bifcuit, afin que la flamme puiffe circuler & frapper également toutes les pieces.

Les Gafettes fans fonds, que je nommerai *cercles*, font très-commodes, en ce que l'on peut y mettre différentes pieces, & qu'on peut, par leur moyen, augmenter la hauteur de ces Gafettes à volonté, en mettant plus ou moins de cercles les uns fur les autres. Quand on veut charger le Fourneau de Fayancier, pour cuire la Porcelaine en Bifcuit, on commence par mettre un plateau qui fert de bafe à la Gafette, enfuite un cercle deffus, & la piece de Porcelaine dans ce cercle ; on couvre le tout d'un autre plateau, on pofe un fecond cercle deffus, & l'on fait ainfi une pile de Gafettes jufqu'au haut du Fourneau.

Cuitte de la Porcelaine.

C'est l'opération la plus difficile, la plus délicate, & qui exige la plus grande attention : il y a plufieurs chofes à confidérer ; la façon d'arranger les pieces de Porcelaine dans leurs étuis ou Gafettes, l'arrangement de ces mêmes Gafettes dans le Laboratoire du Fourneau, & la conduite du feu.

Le Fourneau à Porcelaine fe divife, comme je l'ai dit, en trois parties égales : voyez le plan ci-joint, *Fig.* 3 ; il y a une ouverture latérale par laquelle un homme s'introduit dans l'intérieur du Fourneau, appellé *Laboratoire*, pour y placer les Gafettes ; il commence à charger la partie antérieure, marquée N°. 1, avec les pieces qui font formées de la Maffe la plus réfractaire, qui répond à ce numéro : on commence par pofer une Gafette avec un fond, fur lequel on

PLANCHE II.

répand un peu de fable bien fec, & fur ce fable on pofe la piece de Porcelaine. Ce fable eft deftiné à empêcher le contact de la piece avec la Gafette, à laquelle, fans cette précaution, elle pourroit s'attacher par la violence du feu ;

enfuite on met fur la Gafette un plateau, *Fig.* 10 ; fur ce plateau on répand du fable, on pofe un cercle & une piece de Porcelaine ; & fucceffivement on forme une colonne de Gafettes jufqu'au haut du Fourneau qui touche à la voûte : on fixe cette colonne avec des coins faits avec de la même pâte que la Porcelaine, le plus folidement qu'il eft poffible, pour que la force du feu ne puiffe pas la renverfer, ce qui arriveroit fans cette précaution ; car lorfque le feu commence à être un peu vif, il fe forme un courant d'air & de flamme d'une force étonnante.

Quand la partie du Fourneau N°. 1, eft chargée avec les pieces analogues à ce numéro, on procede à celle du milieu marquée N°. 2, & ainfi de fuite, jufqu'à ce que la capacité du Fourneau foit remplie ; mais on ne fauroit trop répéter d'avoir la plus grande attention à ne pas confondre les différentes compofitions ; pour cet effet, non-feulement les pieces doivent porter le numéro de la Maffe dont elles font formées, mais les Gafettes doivent avoir auffi le même numéro, que l'on marque deffus avec du charbon ou de la craie, afin que ce numéro puiffe s'effacer, & que la Gafette puiffe fervir à une autre cuitte, pour une piece de différente compofition.

Il faut, en arrangeant les Gafettes dans le Laboratoire du Fourneau, faire enforte qu'il y ait toujours un petit efpace entr'elles pour laiffer le paffage à la flamme, de façon qu'elle puiffe jouer entre les Gafettes ; ainfi il faut avoir attention que les colonnes des Gafettes ne fe touchent pas de trop près.

Quand tout eft arrangé, on ferme l'ouverture latérale du Fourneau par où l'on étoit entré, avec des briques de la même compofition que les Gafettes, qu'on lie avec de l'argille ; on laiffe feulement un petit trou de la largeur d'une brique, qui eft deftiné à tirer hors du Fourneau les Epreuves ou Montres.

On appelle *Montres* des morceaux de Bifcuit de forme cylindrique ou pyramidale, qui ont été mis en Couverte comme les pieces de Porcelaine, & qui font deftinés à faire connoître le degré de cuiffon de la Porcelaine. Pour cet effet quand le Fourneau eft chargé, on met en dernier lieu, devant le trou que l'on a laiffé ouvert, une Gafette, que l'on nomme *Gafette d'épreuve* ; laquelle a une ouverture latérale, par laquelle on introduit les morceaux d'épreuve.

L'ouverture de la Gafette doit répondre exactement à celle du Fourneau, afin que l'on puiffe, quand on le voudra, en retirer les montres.

Avant d'allumer le feu, on bouche avec une brique l'ouverture d'épreuve ; on a foin de la luter avec de l'argille ; enfuite on allume le feu.

On fe fert de bois bien fec, & qui s'enflamme aifément, tel que le fapin & tous les bois légers, que l'on nomme *bois blancs* ; il faut en avoir une bonne quantité ; car s'il venoit à manquer pendant l'opération, on courroit rifque de

gâter

gâter fon travail, ou du moins le bois déja confommé feroit à pure perte.

Ce bois doit être coupé exactement de la longueur du foyer, qui eft de trois pieds, afin que la bûche deftinée à entretenir le feu, pofe fur les deux repaires *ii*, *Pl. II*, *Fig.* 1 & 2, qui font aux deux côtés intérieurs du foyer, & deftinés à la recevoir ; ce foyer doit fe fermer avec une lame de fer battu. *Voyez la Fig.* 24, *Pl. II.* Les bûches coupées de la longueur que je viens de dire, doivent faire l'office de cette lame de fer, comme on le verra dans un inftant.

On commence à échauffer le Fourneau par un très-petit feu, que l'on allume dans le fond du cendrier, avec un peu de bois bien fec, mais qui n'a pas de longueur ni de largeur déterminée, comme celui qui doit brûler dans le foyer.

On ferme la partie fupérieure du foyer avec la lame de fer *Fig.* 24, qui eft deftinée à cet ufage, & l'on ouvre la porte du cendrier ; on continue ce feu pendant fix heures : les Allemands le nomment *lavier feuer* ; mais fi le Fourneau, en allumant le feu, ne tiroit pas affez, il faut jetter par la cheminée de la paille, du papier, ou des copeaux enflammés, ce qui, en raréfiant la colonne d'air qui preffe fur la cheminée, détermine fur le champ un courant d'air à fe diriger du bas en haut, en paffant par le Laboratoire du Fourneau.

Après fix heures de ce feu doux, on ferme exactement la porte du cendrier ; & l'on ouvre la partie fupérieure du foyer, où l'on commence à y faire un nouveau feu le plus vîte qu'il eft poffible, afin que le feu inférieur du cendrier ne s'éteigne pas avant que celui du foyer foit allumé.

Pour cet effet on met un morceau de bois coupé de mefure fur les deux repaires *ii*, *Fig.* 2, *Pl. II.* de l'ouverture fupérieure du foyer où il doit entrer jufte ; ce morceau de bois échauffé par la chaleur inférieure, prend bien-tôt feu, & lorfqu'il eft bien enflammé, la perfonne deftinée au fervice du Fourneau, & qui tient une bûche à la main, frappe un coup dans le milieu de celle qui brûle fur l'ouverture du foyer ; cette bûche n'étant foutenue que par les deux extrémités, fe caffe facilement, & tombe toute enflammée fur la grille du fourneau, où elle acheve de fe confumer ; dans l'inftant qu'elle tombe, elle eft remplacée par une autre, qui ferme exactement la partie fupérieure du foyer ; celle-ci s'enflamme pareillement, & elle eft précipitée de même par celui qui fert le Fourneau, ainfi de fuite. Il faut que les morceaux de bois foient fort minces, pour qu'ils puiffent non-feulement s'enflammer aifément, mais encore fe rompre avec facilité quand on frappe dans le milieu pour les faire tomber fur la grille du Fourneau.

Petit à petit le feu s'augmente, & plus il acquiert d'activité, plutôt la bûche, qui fait l'office de porte à l'ouverture fupérieure du Fourneau, s'enflamme aifément ; ainfi il faut que la perfonne qui fert le Fourneau, ait toujours une bûche à la main, pour remplacer, avec la plus prompte diligence, celle qui eft brûlée, afin que le foyer ne refte jamais ouvert. Le feu augmente toujours de plus en plus ; & fur la fin de l'opération, il acquiert tant de véhémence, que l'on diroit que le Fourneau va fe liquéfier. Il faut dans ce moment

PORCELAINE. D

obſerver exactement la flamme qui ſort par la cheminée : elle paſſe ſucceſſive-
ment du *rouge pâle* au *blanc étincelant* ; quand elle eſt dans cet état, & que le
dedans du Fourneau eſt abſolument enflammé au point de ne pouvoir plus diſtinguer les Gaſettes d'avec la flamme qui les environne, ce que l'on peut voir facilement par l'ouverture pratiquée au-deſſus du foyer, *voyez la Fig.* 2, *Pl. II*, on
examine les morceaux d'épreuve ; pour cela on débouche l'ouverture d'épreuve ,
& l'on en tire avec des pincettes les montres, on les laiſſe refroidir, enſuite on
les examine ; & ſi l'on trouve qu'elles ne ſoient pas aſſez cuites , on continue le
feu ; mais ſi elles ont reçu le degré de cuiſſon convenable, on ceſſe le feu, & on
ferme l'ouverture du foyer avec la lame de fer, *Fig.* 24, *Pl. II* ; enſuite on laiſſe
refroidir le Fourneau, ce qui dure à-peu-près 48 heures , & 27 pour la cuiſſon.

　　Quand les pieces de Porcelaine ſont ſorties du Fourneau, il arrive preſque
toujours que la violence du feu a fait fondre le ſable qu'on avoit parſemé dans le
fond de chaque Gaſette, & ſur lequel on avoit poſé les pieces de Porcelaine.
Ce ſable à demi vitrifié, s'attache au pied des vaſes de Porcelaine , & en rendroit l'uſage déſagréable, ſi on les laiſſoit telles qu'elles ſont en ſortant du Fourneau ; c'eſt pourquoi elles exigent encore un dernier travail pour leur ôter ce
ſable vitrifié qui leur eſt attaché. On a dans les Manufactures un Ouvrier deſtiné à ce travail, qui ſe ſert d'une roue d'étain ou de fer ſemblable en tous points
à celle dont on ſe ſert pour tailler les verres & les flacons de cryſtal , *voyez la*
Fig. 1, *Pl. V.* Cette roue de fer, qui eſt poſée horiſontalement ſur un axe de même
métal , tourne ſur un crapaud d'acier fixé dans une baſe ; l'axe eſt chargé
d'une poulie, autour de laquelle ſe dévuide une corde de boyau, qui paſſe autour d'une autre grande roue de bois bombée, dont l'axe vertical eſt poſé paral-
lélement à celui de la petite roue de fer ; dans la partie ſupérieure de la grande
roue, eſt une manivelle pour la mettre en mouvement, & elle le communique à la
petite roue de fer : ordinairement le diametre de la grande roue , eſt à la poulie
de la roue de fer, comme 1 eſt à 12 ; ainſi le mouvement de la petite roue de
fer eſt très-accéléré : on répand de l'émeri broyé à l'eau ſur la roue de fer, & on
paſſe les Porcelaines, qui tiennent ce ſable vitrifié, ſur cet émeri, juſqu'à ce
que le ſable vitrifié ſoit entiérement emporté ; c'eſt pourquoi les petits cercles qui
ſervent de pieds aux Aſſiettes & aux Taſſes de Porcelaine, ne ſont jamais couverts
de vernis, & l'on apperçoit la pâte de la Porcelaine à nud.

REMARQUES.

🜲 QUAND on obſerve l'intérieur du Fourneau, par le moyen du trou placé
à la porte antérieure au-deſſus du foyer, & que l'on nomme *l'œil du Four-*
neau, il faut avoir ſoin de le refermer tout de ſuite avec une brique qui
eſt faite pour cet uſage, & qui doit fermer exactement.

🜳 Je ne crois pas avoir rien oublié de ce qui concerne la préparation de la pâte, ainſi que la façon de conduire le feu ; & j'ai lieu d'eſpérer qu'en ſuivant les procédés contenus dans ce Mémoire, on fera de la Porcelaine auſſi bonne que celle de Dreſde, mais qui lui ſera bien ſupérieure par l'élégance des for-mes, quand elle ſera traitée par nos Artiſtes François, qui l'emportent autant, par leur habileté, ſur les Etrangers, que la pâte de la Porcelaine de Saxe l'emporte, pour ſa fixité, ſur la nôtre.

Il ne reſte plus qu'à parler des couleurs, de la façon de les préparer, & de la maniere de les appliquer, ce qui fera le ſujet d'un ſecond Mémoire.

Maniere de transformer le Verre en une eſpece de Porcelaine, appellée, du nom de ſon Inventeur, PORCELAINE DE REAUMUR.

L'ESPECE de Porcelaine dont il s'agit ici, a été trouvée par le célèbre M. de Reaumur. Ce grand Phyſicien cherchant les moyens de tranſmuer le fer en acier, & ayant remarqué les effets étonnants de la cémentation ſur ces métaux, voulut en eſſayer l'efficacité ſur différentes eſpeces de matieres ; & d'expériences en expériences, il parvint à tranſmuer le Verre même, en une ſubſtance dont on n'avoit, juſqu'alors, aucune idée. Elle approche de la Porcelaine par ſa fixité & par ſa couleur. Je rapporterai les propres termes de l'Auteur, tirés des Mé-moires de l'Académie des Sciences de l'année 1739.

» Il reſte (dit M. de Reaumur) une troiſieme maniere de faire de la Porce-
» laine, qui a été ignorée juſqu'ici, que je me ſuis contenté d'annoncer dans
» les Mémoires précédents, & que je me propoſe de faire connoître aujourd'hui.
» Cette eſpece de Porcelaine doit intéreſſer les Phyſiciens, par la ſingularité &
» la ſimplicité des procédés qui la produiſent, & parce qu'elle peut leur don-
» ner beaucoup de connoiſſances nouvelles ſur la propriété & la nature du
» Verre.

» C'eſt avec le Verre même que je fais la nouvelle eſpece de Porcelaine ;
» j'ai dit ailleurs qu'on pouvoit faire entrer le Verre dans la compoſition de Por-
» celaines, qui auroient le caractere de celle de la Chine ; & qu'après l'avoir
» réduit en poudre on pouvoit, avec ſuccès, l'aſſocier à une matiere non vitri-
» fiable. Ce que nous avons à propoſer actuellement, dépend d'un tout autre
» principe ; c'eſt avec ce Verre ſeul que nous voulons apprendre à faire de la
» Porcelaine, qui, ſans le diſputer en beauté aux Porcelaines antiques, ne ſera
» guere inférieure aux meilleures en aucune des qualités eſſentielles.

» Nous allons enſeigner le moyen de convertir des ouvrages de Verre, en
» ouvrages de Porcelaine, ſans altérer leur forme ; ou pour nous fixer à quel-
» ques exemples, c'eſt de changer des bouteilles du plus vilain Verre, telles
» que celles qu'on ſert journellement ſur nos tables, en bouteilles de Porce-

» laine blanche ; c'est de transformer une de ces cloches de Verre, destinées
» à couvrir les plantes de nos jardins, en un vase qui, par sa blancheur, puisse
» mériter d'être mis en parade. On ne s'attendroit pas qu'une transformation
» singuliere pût être faite avec tant de facilité, & avec aussi peu de frais qu'elle
» le peut être. On n'imagineroit pas que pour changer une de nos bouteilles à
» vin, en une bouteille de Porcelaine, il n'en dût coûter guere plus qu'il n'en
» coûte à un Potier pour faire cuire le pot de terre le plus commun. Les moyens
» d'y parvenir sont si simples, qu'il n'y a personne qui ne soit en état de rendre
» toutes les bouteilles de sa cave, des bouteilles de Porcelaine.

» Il est aisé de juger que les ouvrages d'une pareille Porcelaine, doivent être
» donnés à grand marché : on emploie moins de temps & moins d'appareil dans
» les Verreries, pour faire prendre au Verre les formes qu'on veut lui donner,
» qu'un Potier n'en emploie à former les vases de terre les plus grossiers. Si
» quelques ouvrages de Verre ne sont pas à grand marché, c'est lorsque la com-
» position de leur Verre vient de matieres choisies. Or, comme si tout devoit
» concourir à rabaisser le prix de la nouvelle Porcelaine, on verra dans la suite
» que le Verre par lui-même le moins cher & le plus commun, y est le plus
» propre. Mais avant d'expliquer les moyens de la faire, je crois devoir prouver
» qu'aucun des caracteres essentiels à la bonne Porcelaine ne lui manque. Un
» des moins équivoques, comme nous l'avons établi dans d'autres Mémoires,
» est celui que nous fournissent les cassures ; celles de tout Verre & de tout émail
» ont un poli, un luisant qu'on ne voit point aux cassures des vraies Porce-
» laines : celles-ci ont des grains, & c'est en partie par la finesse de ces grains
» que les cassures de la Porcelaine different de celles des terres cuites ; &
» c'est enfin par la grosseur & la disposition de leurs grains, que les Porce-
» laines different entr'elles, & qu'elles s'éloignent ou s'approchent plus ou
» moins du Verre. Notre Porcelaine par transmutation, ou notre Porcelaine de
» Verre, a des cassures qu'on ne sauroit confondre avec celles d'aucun Verre :
» elles sont bien éloignées du brillant, du luisant ; elles ont une espece de mat
» satiné. Ces cassures d'ailleurs ont non-seulement le blanc qui paroît sur la
» surface de la piece entiere, mais elles en ont un qui surpasse celui-ci ; aussi n'y
» auroit-il rien à desirer pour la beauté de cette Porcelaine, si on étoit par-
» venu à donner à son écorce la nuance de blanc qu'a son intérieur.

» Si les cassures de la Porcelaine par transmutation, la distinguent si bien du
» Verre, elles la distinguent aussi de toute espece de Porcelaine ; leur mat est
» soyeux : il semble qu'elle soit composée de fibres, de filets de soie d'une
» extrême finesse, couchés les uns contre les autres ; elle n'offre pas de simples
» grains ; elle offre des fibres composés de grains extrêmement fins. La struc-
» ture de ses cassures est par-là tout-à-fait singuliere, & donne un caractere bien
» marqué qui distingue cette Porcelaine de toute autre.

» Si cependant on ne lui aimoit pas cette tissure, & si on la vouloit grainée
                                                              » comme

» comme l'eſt la Porcelaine ordinaire , il ſeroit aiſé d'y réuſſir. Quand nous
» expliquerons les moyens de faire cette Porcelaine , nous en donnerons de la
» faire grainée , ſi on la deſire telle ; mais il y a apparence qu'on l'aimera mieux
» avec des fibres , lorſque nous aurons parlé des avantages qui lui reviennent de
» cette tiſſure.

» Un autre caractere de la bonne Porcelaine , c'eſt d'être moins fuſible que le
» Verre , ou plutôt de pouvoir être amenée difficilement à être du Verre : nous
» l'avons dit ailleurs , c'eſt la vraie pierre de touche , la coupelle , qui fait
» diſtinguer la Porcelaine de la Chine , de la plus grande partie de celles d'Eu-
» rope : expoſée à un degré de feu très-violent , elle ſe ſoutient ſans ceſſer d'être
» Porcelaine ; au lieu qu'un degré de feu bien inférieur , réduit les autres à n'être
» que Verre. Entre ces dernieres , les unes peuvent être vitrifiées plus ou moins
» aiſément , ſelon qu'elles ſont plus ou moins imparfaites ; mais il n'en eſt aucune
» de ces dernieres qui puiſſe ſoutenir un feu pareil à celui auquel réſiſte notre
» Porcelaine par tranſmutation. Les Taſſes qui en ſont faites pourroient ſervir de
» creuſets dans leſquels on fondroit les Porcelaines d'Europe. Enfin dès que
» nous aurons expliqué les principes d'où dépend ſa formation , il ſera aiſé de
» juger qu'on pourra la rendre auſſi fixe qu'on le déſirera , peut-être plus fixe ,
» s'il en eſt beſoin , que celle de la Chine.

» Voilà donc le Verre transformé dans une matiere qui ne peut être méconnue
» pour de la Porcelaine , puiſqu'elle en a toutes les qualités eſſentielles. On peut
» hardiment & ſans précaution , la mettre ſur le feu. J'ai fait bouillir de l'eau
» dans des vaſes de cette nouvelle Porcelaine , ſans les ménager autrement qu'on
» ménage en pareil cas les caffetieres de terre & celles de fer-blanc ; à deſſein ,
» je ne rempliſſois pas entiérement le vaſe d'eau ; je le poſois bruſquement au-
» près des charbons les plus ardents : l'eau s'y échauffoit & bouilloit dans le
» vaſe ; je le retirois du feu plein d'eau bouillante , & quelquefois je le poſois
» ſur un marbre froid : après toutes ces épreuves , auxquelles peu de Porcelaines
» réſiſtoient , ce vaſe étoit parfaitement ſain.

» Quelquefois j'ai fait encore plus , j'ai mis un gobelet de cette Porcelaine à
» la forge ſur des charbons ardents , & dont l'ardeur a été animée par des coups
» de ſoufflet réitérés pendant un quart-d'heure ; en un mot , j'ai fait fondre du
» Verre dans ce gobelet ſans que la forme en ait ſouffert.

» Nous pouvons aſſurer que par rapport à nos uſages , il n'eſt point de meil-
» leure , & peut-être n'eſt-il point d'auſſi bonne Porcelaine que celle qui doit
» ſon origine au Verre. Elle auroit toutes les prééminences , ſi elle avoit de
» même celle de la beauté ; mais je dois avouer que les eſſais que je n'ai pas eu
» la facilité de répéter en grand autant que je l'euſſe voulu , n'en ont pas en-
» core produit qui puiſſe diſputer , pour la nuance de blanc , avec la Porcelaine
» ancienne. Mais ne ſera-ce pas aſſez pour une Porcelaine qui ſera à ſi bon
» marché , ſi ſon blanc eſt ſupérieur à celui de nos Porcelaines communes qui ſe

» font au Fauxbourg S. Antoine ? s'il eſt auſſi beau que celui de la Porcelaine de
» Saint-Cloud, qu'on vend cher, quoiqu'elle ne ſoit que médiocrement bonne ?
» enfin ſi ſon blanc n'eſt pas inférieur, & s'il eſt même ſupérieur à celui de beau-
» coup de Porcelaines des Indes ? Or les eſſais m'en ont donné de telles, & je
» n'ai garde de croire que les Porcelaines par tranſmutation, ne puiſſent pas
» prendre un blanc plus parfait que celui que je ſuis parvenu à leur donner ; la
» blancheur de leur intérieur me prouve trop évidemment le contraire. La ma-
» niere de la faire eſt un Art tout nouveau ; & il n'eſt point d'Art qui dès ſon
» origine ait fait tous les progrès qu'il peut faire. Cette nouvelle Porcelaine ſera
» ſuſceptible d'être peinte en différentes couleurs, comme l'ancienne ; & ſi l'on
» veut embellir nos Porcelaines par tranſmutation, elles recevront, comme les
» autres Porcelaines, toutes les couleurs qu'on voudra appliquer ſur leur
» extérieur ; mais ce ne ſont là, après tout, que des acceſſoires : en fait de Por-
» celaine, l'eſſentiel eſt la matiere dont elle eſt compoſée.

» Mais pour mettre mieux en état de juger des avantages de cette nouvelle
» méthode de faire de la Porcelaine, & pour faire voir aux Phyſiciens ce qu'elle
» a de ſingulier, venons enfin à donner une idée générale des procédés qu'elle
» exige, & de la route qui nous a conduit à les trouver. Toutes les recher-
» ches de Phyſique & de Méchanique ſe tiennent, & ſe tiennent beaucoup
» plus qu'on ne ſe l'imagineroit. Je n'euſſe certainement pas imaginé, lorſque
» je commençai à chercher les moyens de convertir le fer en acier, & ceux de
» rendre traitables les ouvrages de fer fondu, que j'étois ſur la voie de trouver
» une nouvelle façon de faire de la Porcelaine ; j'y ai pourtant été conduit par ces
» mêmes expériences que je faiſois ſur le fer & ſur l'acier.

» Toutes les expériences dont il s'agiſſoit alors, avoient été faites par ce
» qu'on nomme vulgairement des *recuits*, c'eſt-à-dire, que les ouvrages ſoit de
» fer, ſoit de fonte, avoient été renfermés dans des creuſets bien lutés, entou-
» rés de certaines poudres, telles que celles de charbon, de ſuie brûlée, d'os
» calcinés, ſoit ſeules ou mêlées enſemble, ſoit mêlées avec des ſels. Les creu-
» ſets étoient enſuite expoſés à un long feu plus ou moins violent, ſuivant que
» l'on jugeoit que l'opération le demandoit. La Chymie qui nous a fourni tant
» d'expériences faites par la voie de la fuſion & de la calcination à feu ouvert,
» & par la voie de la diſtillation, a, ce me ſemble, trop négligé celles qui ſe font
» par la voie qu'elle a nommée *cémentation*.

» Ce que la cémentation opere par rapport à la converſion du fer en acier, &
» par rapport à l'adouciſſement du fer fondu, auroit dû, ce me ſemble, nous en
» faire eſpérer beaucoup d'autres productions ſingulieres & utiles. C'eſt peut-être
» la façon d'opérer qui approche le plus de celle de la Nature, qui ne fait ſes
» mélanges que doucement & imperceptiblement, &, qui, de même, ne décom-
» poſe les corps que peu-à-peu & très-lentement ; tout eſt mêlé trop bruſque-
» ment par la fuſion ; & ſouvent les matieres, avant d'être combinées, ont ſouf-

» fert trop d'altération; mais la chaleur que fouffre un corps folide pendant un
» recuit de longue durée, dilate les parties, elle les écarte, elle ouvre un mil-
» lier de paffages, où s'infinuent les parties volatiles, qui font détachées conti-
» nuellement des matieres qui le touchent de tous côtés, ou des particules pro-
» pres à ce corps s'en échappent, fa compofition s'altere, fe change infenfi-
» blement, & après le recuit il n'eft plus le même: on a un nouveau compofé
» dans un état très-différent de celui où il étoit avant que d'être enfermé dans
» le creufet.

» L'idée que j'avois de cette façon de faire agir le feu, m'a porté à effayer
» l'efficacité des cémentations fur différentes matieres, foit métalliques foit fim-
» plement minérales; il feroit trop long de rapporter ici tous ces effais, dont
» plufieurs n'ont été ni affez fuivis ni affez variés; mais je fouhaite que quelqu'un
» veuille fe charger de pouffer ces fortes d'expériences plus loin, & je fuis con-
» vaincu que fon travail fera récompenfé. Ce qui doit engager à faire de pareilles
» tentatives, ce font celles que j'ai faites fur le Verre; quoiqu'on l'ait regardé
» comme le dernier terme de l'action du feu, je voulus voir fi le feu n'y pro-
» duiroit point des altérations fenfibles, lorfqu'il feroit renfermé dans des creu-
» fets bien lutés & remplis de quelques matieres actives; ce fyftême me con-
» duifit à penfer que le Verre commun, le Verre fait avec des cailloux, les
» fables & les cendres, pourroit peut-être être décompofé, comme le peuvent
» être les Verres métalliques, & cela en introduifant dans le Verre des matieres
» fulfureufes ou des fels contraires à la vitrification; cette idée me détermina à
» renfermer dans des creufets bien lutés, des morceaux de Verre, où les uns
» étoient environnés de toutes parts de poudre de charbon, de fuie & de fel
» marin, tel que je l'avois employé pour l'acier; les autres l'étoient de poudre
» d'os, ou d'un mélange de cette poudre & de charbon, dont on peut faire ufage
» pour adoucir les ouvrages de fer fondu; le feu fut donné plus ou moins de
» temps; mais le détail des fuccès de ces premieres épreuves, feroit trop long
» & inutile; il fuffit de favoir que plufieurs me firent voir des morceaux de
» Verre totalement méconnoiffables; mais ils avoient confervé leur forme exté-
» rieure. Les caffures de ces morceaux me firent voir des changements encore
» plus confidérables: elles étoient d'une très-grande blancheur, & montroient
» des filets extrêmement fins, couchés avec régularité en lignes droites à côté les
» uns des autres; il auroit été impoffible de reconnoître cette matiere pour du
» Verre, & encore de deviner qu'elle en eût été autrefois. Je vis donc que la
» cémentation avoit opéré dans le Verre, une compofition, ou, pour mieux
» dire, une décompofition très-finguliere; je fongeai à avoir des vafes de ce
» Verre métamorphofé; j'efpérai qu'en me fervant de diverfes matieres, j'en
» rencontrerois quelqu'une, qui, en rendant le Verre opaque, lui conferve-
» roit à fa furface cette blancheur qu'avoit fon intérieur; en un mot il me parut
» dès-lors que le Verre pouvoit être transformé en une nouvelle efpece de Por-
» celaine. Voilà où mes premieres recherches me conduifirent.

» Mais lorſque je fis mes premieres expériences, je ne prévoyois pas toutes
» celles qui me reſtoient à faire; ce n'étoit pas aſſez de ſavoir faire changer de
» nature au Verre, il falloit trouver les matieres les plus propres à le faire paroî-
» tre, après ſa métamorphoſe, une Porcelaine d'un blanc agréable. Combien de
» matieres m'a-t-il fallu éprouver! Les Verres mêmes m'ont occaſionné une
» longue ſuite d'eſſais; je me convainquis qu'il y en a de beaucoup d'eſpeces
» qu'on tenteroit ſans ſuccès de rendre Porcelaine; & entre les eſpeces en qui
» ce changement peut être fait, il y en a qui ne ſont propres qu'à en donner de
» très-vilaines.

» Il faut d'abord choiſir la matiere ſur laquelle on veut opérer. Pour mettre
» en état de faire ce choix, je diſtingue les Verres en quatre claſſes. La pre-
» miere eſt compoſée des Verres les plus tranſparents, les plus blancs & les plus
» tendres, c'eſt-à-dire, les plus fuſibles: tels ſont ceux que nous nommons
» les *Cryſtaux*, les *Verres blancs* des eſtampes, les *Verres à vîtres*, les Verres
» dont nous faiſons nos glaces, nos Verres à boire, & beaucoup d'autres eſpeces
» de Verres, parmi leſquels il y en a de plus ou moins blancs & de plus ou moins
» tendres, qui ſont rangés dans la ſeconde claſſe. Nous mettons dans la troiſieme
» claſſe tous ceux qui ont une couleur qu'on ne cherche pas à leur donner,
» comme ſont les Verres de nos bouteilles à vin, ceux des cloches de jardins;
» tels que ſont ſouvent les Verres de la plupart des matras & des cornues.
» Enfin nous donnons à la quatrieme claſſe, tous les Verres qui ſont chargés
» de matieres métalliques, & qui en ſont fort chargés, parmi leſquels les
» émaux tiennent les premiers rangs. Nos expériences ſur ces différentes eſpeces
» de Verres, nous ont mis en état de donner pour regle que les Verres les plus
» durs ſe recuiſent le plus aiſément. C'eſt inutilement que j'ai tenté de con-
» vertir en Porcelaine le Verre appellé *Cryſtal*, & tous les émaux. Avec des
» précautions, on peut changer en Porcelaine les Verres à frites, les Verres à
» eſtampes, & les Verres appellés *glaces*. Mais il paroîtra ſingulier que les Verres
» les plus beaux & les plus tranſparents, ne donnent pas d'auſſi belle Porce-
» laine que ceux de la troiſieme claſſe, qui nous déplaiſent par leur vilaine cou-
» leur; un morceau de la plus belle glace, ne peut parvenir à la blancheur que
» prend le Verre d'une très-vilaine bouteille.

» La matiere la plus propre à changer le Verre en une Porcelaine blanche,
» eſt le gyps cryſtalliſé, c'eſt-à-dire, cette matiere appellée vulgairement du
» *talc*, dont les carrieres de plâtre de Montmartre & d'autres lieux des envi-
» rons de Paris, nous fourniſſent abondamment. Le ſable peut auſſi opérer cette
» tranſmutation; & un mélange de ſable très-blanc, tel que celui d'Etampes,
» avec le gyps calciné, donne une poudre compoſée qui doit être employée par
» préférence au gyps ſeul, ou au ſable ſeul.

Quand on veut opérer, il faut premiérement avoir une proviſion de gyps cryſtalliſé, que l'on fait calciner dans un creuſet ou dans une chaudiere de métal,

comme

(comme je l'ai enseigné dans le Mémoire sur la Porcelaine d'Allemagne, *page* 6;) « ensuite on le pile très-fin & on le passe au tamis; on le mélange en » partie égale avec du sable blanc appellé vulgairement *sablon*: celui d'Etampes » est le meilleur; ensuite on choisira les ouvrages d'un Verre convenable, que l'on » mettra dans des gasettes ou dans de grands creusets de grandeur convenable: on » aura attention de remplir les vases avec la poudre de gyps & de sable, & on en » mettra l'épaisseur d'un demi-doigt au fond des gasettes ou creusets, afin que » le vase de Verre ne touche pas le fond du creuset, qu'on emplira de cette » même poudre jusqu'au haut du creuset ou gasette, de maniere que les vases de » Verre soient absolument ensevelis dans la poudre de gyps & de sable, de façon » qu'elle touche & presse les ouvrages de Verre de toutes parts, afin que non- » seulement ils ne se touchent pas entr'eux, s'il y en a plusieurs dans la même » gasette, mais encore qu'ils ne touchent pas les parois du creuset qui les con- » tient. La poudre ayant été bien pressée, bien empilée, on couvrira la gasette » ou le creuset de son couvercle, qu'on lutera bien avec de la terre à four; quand » le lut sera sec, on mettra la gasette ainsi préparée, dans le Fourneau d'un Po- » tier de terre, dans l'endroit où l'action du feu est la plus forte. Quand la pot- » terie de terre sera cuite, on retirera le creuset ou la gasette; & lorsqu'on » l'ouvrira, on aura le plaisir (dit M. de Reaumur) de voir que les ouvrages de » Verre sont devenus de belle Porcelaine blanche: la même poudre qui a servi » pour la conversion des premiers ouvrages, peut encore servir pour celle de » beaucoup d'autres; & je ne sai s'il vient un temps où cette poudre ne puisse » plus être employée. Nous n'avons mis qu'une seule gasette dans le Fourneau; » mais on juge bien qu'on peut y en mettre autant que les Fayanciers en mettent » dans les leurs.

» J'ai regret de ne pouvoir m'arrêter à décrire ici tout ce qui se passe pendant » que se fait la conversion du Verre en Porcelaine, & de ne pouvoir raconter » assez en détail comment le Verre qu'on recuit, prend successivement diffé- » rentes nuances de bleu; dans quel temps sa surface commence à blanchir; de » faire remarquer qu'alors il est entouré d'une couche, d'une enveloppe de » fibres très-courtes, dont chacune est perpendiculaire à la surface d'où elle part; » comment ces fibres s'allongent, & comment celles des deux surfaces opposées » viennent enfin à se rencontrer vers le milieu de la piece.

» Mais je ne finirai point sans faire remarquer que le peu que je viens de dire » de cet Art, suffit pour le rendre, dès à présent, utile à la Chymie; il peut » lui fournir des vaisseaux tels qu'elle les a désirés depuis long-temps; des vais- » seaux qui ayant, comme ceux de verre, l'avantage de contenir des matieres » qui transpireroient au travers de ceux de terre, n'exposeroient pas aux mêmes » risques qu'on court avec ceux de Verre.

» Combien de temps, de feu & de diverses dépenses eussent été épargnées? » & combien d'expériences, peut-être, eussent été amenées à une heureuse fin,

» fi les Chymiftes euffent pu avoir à leur difpofition des vaiffeaux de Porce-
» laine, & d'une Porcelaine qui, fans fe caffer ni fe fêler, eût réfifté à l'action
» d'un grand feu? Il ne tiendra à préfent qu'à eux de convertir leurs cornues,
» leurs cucurbites, leurs matras de Verre, en vaiffeaux de Porcelaine. Pour être
» en état de le faire, ils n'ont pas befoin d'inftructions plus étendues que celles
» que je viens de donner : il leur importe plus de mettre leurs vaiffeaux en état
» de réfifter au feu, que de leur donner un blanc parfait ; de la Porcelaine brune
» par dehors, leur fera auffi bonne que la plus blanche ».

Voilà à peu-près ce que dit M. de Reaumur fur l'Art de tranfmuer le
Verre en une Porcelaine qui peut être utile en différents cas ; mais il n'a point
donné les raifons phyfiques de cette finguliere tranfmutation. Il y a apparence,
dit M. Macquer (*), que l'acide vitriolique contenu dans le gyps, quitte la
bafe terreufe dans laquelle il eft engagé, pour fe porter fur les fels alkalis du
Verre ; & j'ajouterai que comme toutes les fubftances qui fe volatilifent,
emportent avec elles des parties des corps, même les plus fixes, avec lefquels
elles étoient combinées, il eft vraifemblable que l'acide vitriolique, en por-
tant fon action fur les fels du Verre, entraîne avec lui des particules de la terre
calcaire du gyps, qui fe trouvent par ce moyen interpofées entre les molécules
vitreufes, & donnent à la maffe ce blanc laiteux & demi-diaphane, qui carac-
térife la Porcelaine. Les filets blancs, perpendiculaires à la furface d'où ils partent, & paralleles entr'eux, qu'on obferve après la tranfmutation, dans les
morceaux de la nouvelle Porcelaine, femblent autorifer mon fentiment ; d'ailleurs cette nouvelle compofition acquiert la faculté de réfifter au feu le plus
violent : cela feul dénote affez que des particules d'une matiere réfractaire, fe font
introduites entre les molécules du Verre ; car fans cela le Verre auroit confervé
fa fufibilité : or, ces matieres ne peuvent provenir que de la terre calcaire con-
tenue ou dans le fable ou dans le gyps ; & l'acide vitriolique avec lequel
elles étoient combinées, leur a fervi de véhicule pour les introduire dans le
Verre, où il les dépofe enfuite pour former une autre combinaifon avec les
fels alkalis, avec lefquels il forme fans doute un fel neutre qui fe vitrifie par
l'ardeur du feu, & fert de gluten aux molécules calcaires qu'il y a apportées.

(*) Dictionnaire de Chymie, *page 291 , Tome II.*

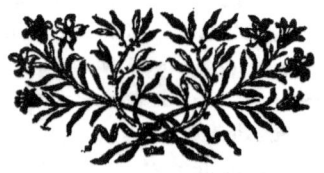

MÉMOIRE SUR LES COULEURS,
Pour la Peinture en Porcelaine.

J'AI donné, dans le Mémoire que j'ai lu à l'Académie, les moyens de faire la Porcelaine blanche de Saxe : pour completter cet Art, je vais décrire la compofition des différentes Couleurs dont on fe fert dans les Manufactures, que j'ai été à même de voir en Allemagne, la maniere de les employer, & la façon de les parfondre.

J'ai trouvé dans le *Traité des Couleurs pour la Peinture en émail*, Ouvrage intéreffant, publié par M. de Montamy, des procédés utiles, que je rapporte auffi tels qu'ils font décrits dans cet Ouvrage, afin que l'Artiste intelligent fe décide pour ceux qui lui paroîtront les meilleurs.

Il y a plufieurs chofes à obferver dans l'Art de peindre la Porcelaine : la compofition des Couleurs, les fondants qui leur donnent de la liaifon & de l'éclat ; le véhicule pour appliquer ces mêmes Couleurs, qui eft un compofé gras, qui en lie toutes les parties, & leur donne affez de confiftance pour être appliquées avec le pinceau ; & enfin le feu néceffaire pour fondre ces mêmes Couleurs fur les vafes de Porcelaine qui en font décorés.

Avant de parler de la compofition des Couleurs, je décrirai les différents véhicules, dont on fe fert pour les employer avec le pinceau. Je parlerai enfuite des fondants avec lefquels on mêle les Couleurs, pour leur communiquer le degré de fufibilité convenable.

Des Véhicules.

ON appelle *Véhicules*, dans l'Art de la Peinture en Porcelaine, une matiere liquide, avec laquelle on broie les couleurs fur le verre à broyer, pour en lier toutes les parties les unes aux autres, & pouvoir les appliquer fur la Porcelaine, comme le Peintre à l'huile applique les fiennes fur la toile.

On a employé diverfes fubftances à cet ufage, telles que le fucre, les gommes, les colles & les huiles ; mais toutes ont leur inconvénient : le fucre eft non-feulement fujet à bourfouffler dans le feu, quand on veut parfondre les couleurs ; mais il attire pendant l'été les mouches, qui mangent les couleurs & détruifent le deffin avant qu'il foit fec. Les gommes en féchant, font fujettes à s'écailler & à fe détacher du fond liffe de la Porcelaine, avec lequel elles n'ont point d'adhérence. L'huile effentielle de lavande, eft ce que l'on a trouvé de mieux ; mais cette huile n'ayant pas affez de corps, coule trop vîte du pinceau, les traits s'élargiffent & le deffin ceffe d'être correct. Pour obvier à cet inconvénient, M. de Montamy propofe de faire épaiffir l'huile effentielle de lavande

au foleil, c'eft-à-dire, faire évaporer la partie la plus éthérée pour avoir une
huile plus épaiffe pour pouvoir broyer les couleurs, & les appliquer enfuite :
mais la méthode propofée par M. de Montamy, a deux inconvénients, la perte
de la matiere & celle du temps. Quand, avec de la patience, on fera parvenu à
avoir de l'huile telle qu'on la defire, fi on ne l'emploie pas fur le champ, l'évaporation des parties volatiles continuant, cette huile s'épaiffira de plus en plus,
& dans peu de temps on ne pourra plus s'en fervir, fur-tout l'été, où la chaleur de l'atmofphere accélere l'évaporation.

Voici une méthode qui remédie à ces inconvénients, & par laquelle on peut,
en tout temps, mettre cette huile au degré de denfité qu'on defire.

Prenez la quantité d'huile effentielle de lavande qu'il vous plaira, non adul-
térée, mettez-la dans une cucurbite de verre, dont les deux tiers reftent vuides ;
adaptez-y un chapiteau & un récipient ; lutez le tout avec des veffies mouillées,
ou avec des bandes de papier collées, fur lefquelles vous mettrez du lut gras ;
procédez enfuite à la diftillation au bain-marie ou au bain de fable, à un feu
doux : l'huile la plus éthérée paffera la premiere. Quand les deux tiers feront
paffés, arrêtez la diftillation, & confervez à part, dans des vafes différents, les
deux efpeces d'huiles, c'eft-à-dire, l'huile éthérée, & celle qui refte dans la
cucurbite ; il eft évident qu'en combinant enfuite ces deux fubftances, dont
l'une eft épaiffe, & l'autre limpide, on aura un réfultat d'une denfité moyenne,
telle qu'on la défire. Si ce compofé venoit à s'épaiffir, on y ajouteroit de l'huile
éthérée ; fi au contraire le mélange étoit trop clair, on l'épaiffiroit avec l'huile
la plus épaiffe.

Des Fondants.

Ce n'eft pas affez d'avoir un moyen d'appliquer les couleurs fur la Porcelaine,
il faut avoir une fubftance qui puiffe faciliter leur fufion, lier les parties fans
changer leur intenfité, & leur donner de l'éclat : cette fubftance doit être
vitreufe & très-fufible par elle-même, pour pouvoir communiquer la fufibilité.
On fe fert en Allemagne des chaux de plomb, unies aux cailloux & au borax ;
mais cette compofition eft fujette à de très-grands inconvénients ; car les chaux
de plomb fe revifient aifément lorfqu'elles font combinées avec des matieres
abondantes en phlogiftique ; or l'huile dont on fe fert pour l'application des couleurs, rend au verre de plomb fa forme métallique, & noircit les couleurs avec
lefquelles on l'emploie par le phlogiftique que l'huile contient ; ainfi il faut
éviter avec foin les préparations de plomb dans la compofition des fondants.
J'en donnerai cependant la recette, telle que je l'ai vue employer en Allemagne,
pour ceux qui voudront en effayer.

N°. 1.

Nᵒ. 1.

Fondant pour les Couleurs difficiles à fondre.

℞. Trois parties de Litharge.
Trois parties de Quartz blanc calciné.
Deux parties de Borax.

On pulvérise ces matieres & on les met dans un creuset, dont la moitié reste vuide ; on donne un feu gradué pour laisser bouillonner le borax ; on augmente le feu au point de mettre le tout en fusion ; quand la matiere est bien liquide, on la coule sur une pierre polie que l'on a échauffée auparavant ; on recommence cette opération, & à la seconde fois on la réduit en poudre fine ; on la met dans des boîtes bien fermées pour la garantir de la poussiere.

Nᵒ. 2.

Fondant pour les Couleurs aisées à fondre.

℞. Quatre parties de Litharge.
Deux parties de Quartz calciné.
Une partie & demie de Borax.

On traite ces matieres comme les précédentes ; mais je ne conseillerois pas de se servir de ces deux fondants pour des ouvrages précieux, par les raisons que j'ai dites ci-devant ; le peu de vivacité & d'éclat des couleurs de la plupart des Porcelaines d'Allemagne, n'est dû qu'aux chaux de plomb, qui entrent comme parties constituantes des fondants que l'on emploie. Il faut donc donner la préférence au fondant décrit par M. de Montamy, qui n'est pas sujet aux mêmes inconvéniens.

Il faut trois substances pour faire ce fondant, le Verre, le Nitre purifié & le Borax. Nous examinerons ces trois substances en particulier, parce que la réussite de l'opération dépend du choix des matieres.

Du Verre.

ON prend des tuyaux de verre avec lesquels on fait les Barometres, on choisit les plus transparents & les plus aisés à fondre : pour s'assurer s'il n'est point entré de plomb dans la composition de ce verre, M. de Montamy dit avec raison qu'il faut en faire l'essai en exposant ces tubes au chalumeau ou à la lampe de l'Emailleur ; si la flamme ne les noircit pas, & qu'ils fondent avec facilité, on peut s'en servir avec confiance ; mais si après les avoir bien essuyés avec un linge, l'endroit qui a été expofé à la flamme refte noir, il faudroit les rejetter, comme contenant ou du plomb ou d'autres matieres nuifibles à la perfection du fondant (*).

Quand on eft affuré de la qualité du verre, on le pile dans un mortier de Por-celaine, de verre ou d'agate ; on doit éviter de fe fervir de ceux de métal & de marbre, parce que les parties qui pourroient s'en détacher par la contufion, coloreroient le fondant qui doit être fans couleur ; fi cependant l'on étoit obligé de fe fervir d'un mortier de fer ou de marbre, il faudroit le bien nétoyer & jetter enfuite le verre pilé dans une eau compofée d'une partie d'efprit de nitre, & de trois parties d'eau diftillée, pour enlever à ce verre pulvérifé, les parties métal-liques, ou la terre calcaire qu'il pourroit contenir ; après quoi on le laveroit plufieurs fois dans l'eau diftillée, jufqu'à ce qu'il n'imprimât plus fur la langue aucune faveur ; après cela on le feroit fécher ; & après l'avoir paffé dans un tamis de foie, on le conferveroit dans des boîtes à l'abri de la pouffiere.

Du Borax.

On choifit le plus tranfparent ; on le concaffe groffiérement, & on le met dans un creufet dont les deux tiers reftent vuides ; on met ce creufet fur des cendres chaudes, & on l'entoure de charbons ardents, à deux pouces de dif-tance, afin que le creufet s'échauffe par degré, & que le borax, en fe calcinant, ne fe gonfle pas au point de fortir hors du creufet, comme cela arriveroit fi l'on donnoit un trop grand feu, qui pourroit d'ailleurs vitrifier le borax, ce qu'il faut éviter foigneufement. Il ne faut point toucher au creufet, que le bruit occa-fionné par la calcination ne foit entiérement paffé ; quand tout fera tranquille, on retirera le creufet du feu, & l'on détachera avec une fpatule de bois ou de verre, ce borax qui étant calciné, eft blanc, léger & fpongieux.

Du Salpêtre.

Le falpêtre le plus pur eft le meilleur ; pour cet effet on choifit celui qui eft cryftallifé en aiguilles ou prifmes bien tranfparents, qui eft le feul qui donne de beau verre. Si l'on n'en trouvoit pas de tout préparé, il faudroit le purifier en le diffolvant dans de l'eau bouillante ; enfuite on filtre la diffolution par le papier gris ; on fait évaporer, & on porte le vaiffeau, qui contient la diffolution, à la cave, ou dans un lieu frais, pour faciliter la cryftallifation ; on retire les cryf-taux qui fe font formés, & l'on recommence l'évaporation & la cryftallifation, jufqu'à ce que la diffolution ne fourniffe plus de cryftaux.

(*) Voyez le Traité des Couleurs en Email, *page* 21.

Doses.

℞. Poudre de verre. . . . . 4 gros.
Borax calciné. . . . . 2 gros & 12 grains.
Nitre purifié. . . . : . . . . 4 gros & 24 grains.

On mêle exactement le salpêtre & le borax dans un mortier de verre, avec un pilon de la même matiere ; ensuite on y ajoute la poudre de verre, & l'on triture le tout ensemble au moins pendant une heure ; on laisse ensuite reposer le mélange pendant douze heures à l'abri de la poussiere ; après quoi on le met dans un bon creuset de Hesse, dont les deux tiers restent vuides, & dont l'intérieur aura été frotté avec le doigt & un peu de blanc que l'on prépare à Rouen, pour boucher les pores, & empêcher que le verre qui doit résulter de la composition, ne perce le creuset. On a du charbon allumé dans un fourneau à torréfier, ou même dans une cheminée ordinaire ; on place le creuset couvert au milieu, après en avoir écarté les charbons ; on les rapproche ensuite peu-à-peu, & on découvre le creuset. Cette opération, que les Verriers nomment *friter*, est pour purifier la composition de toutes les matieres combustibles qu'elle pouvoit contenir, & dont la fumée pouvoit gâter le verre : elle doit se faire très-lentement & par degré ; il faut avoir soin de bien couvrir le creuset toutes les fois que l'on rapproche le charbon, parce que s'il tomboit dedans la moindre parcelle de cendre ou de charbon, le verre seroit enfumé & gâté. Lorsqu'on voit que la composition commence à rougir, on met le couvercle sur le creuset, & on l'environne de charbons ardens ; on entretient le feu de la même force pendant environ deux heures, pendant lesquelles la matiere bouillonne & se gonfle considérablement. Quand elle se rassit & tombe au fond du creuset, on laisse éteindre le feu ; & lorsque tout est froid, on trouve la composition qui paroît opaque & d'un rouge très-foncé : on couvre alors le creuset avec son couvercle sans être luté, & on le place dans le fourneau à Porcelaine, dans l'endroit le plus exposé à la violence du feu, pendant la cuite de la Porcelaine. On ne lute pas le creuset avec son couvercle, parce qu'on a remarqué que le lut venant à se vitrifier, couloit quelquefois dans le creuset, & gâtoit la composition.

On doit se servir de creusets de Hesse, parce qu'ils résistent mieux au verre en fusion ; mais ils ne sont pas tous également bons ; & pour ne pas mettre son travail & la réussite de l'opération au hasard, il faut premiérement bien nétoyer le dehors du creuset qui contient la composition, & le mettre dans un second creuset, de façon que celui qui contient la composition ne touche pas le fond du second, dans lequel on l'a emboîté : par ce moyen si le verre passoit au travers du premier creuset, il se trouveroit rassemblé en entier dans le second (*).

Si l'on n'avoit pas des tuyaux de verre de Barometre, ou qu'on doutât de la

(*) Voyez le Traité des Couleurs en Email, *page* 27.

qualité du verre qu'on voudroit employer, M. de Montamy enseigne la compo-fition d'un cryftal pour faire un fondant, qui feroit trop longue à rapporter ici : on peut confulter l'Ouvrage que j'ai déja cité.

Il ne faut jamais broyer & tamifer le fondant, que lorfqu'on veut l'employer, parce qu'on s'eft apperçu qu'il s'altère ; & qu'étant gardé un certain temps, le luifant des Couleurs avec lefquelles on le mêloit, n'étoit plus auffi parfait : phé-nomene bien fingulier ! car une fubftance changée en un verre qui réfifte à l'action des acides minéraux les plus concentrés, fembleroit ne devoir pas s'al-térer à l'air : perfonne, que je fache, n'en a donné la raifon ; mais s'il m'eft permis de hafarder mon fentiment, je crois que l'altération très-fenfible qu'on remarque dans le fondant, ainfi que dans les émaux, lorfqu'ils font préparés long-temps d'avance, n'eft dûe qu'aux différents corpufcules qui font répandus dans l'atmofphere, & qui fe dépofent dans tous les lieux où l'air peut pénétrer ; ce fluide fe trouve donc toujours chargé d'une quantité de matieres hétérogenes qui, venant à fe mêler avec une fubftance quelconque, en altere la nature (*). On peut fe convaincre par l'organe feul de la vue, du nombre prodigieux de corpufcules qui nagent dans l'air, fi l'on obferve un rayon de foleil qui entre par un trou dans un lieu obfcur ; ou fi l'on fait attention à la quantité de pouffiere qui fe dépofe fur les meubles d'un appartement inhabité, & qui ne peut y être introduite que par l'air où elle étoit fufpendue (**).

Le fondant fait dans la Peinture en émail & en Porcelaine, le même effet que l'huile, la colle & la gomme font dans les autres genres de Peinture ; lorf-qu'il entre en fufion, il fert de lien aux petites molécules de la couleur, les fixe à la furface de l'émail blanc, ou de la couverte de la Porcelaine, & il aide à la vitrification des chaux colorantes ; il s'enfuit de-là que l'on ne peut point em-ployer de fubftance dont le feu enleveroit la couleur avant que ce fondant fût entré lui-même en fufion, telles que les couleurs tirées des végétaux.

Il fe trouve des fubftances qui fe vitrifient avec le fondant plus ou moins faci-lement ; ainfi il faut obferver exactement fur chaque Couleur la quantité de fon-dant qui lui eft néceffaire pour la faire entrer dans une parfaite vitrification. Si l'on mettoit trop peu de fondant, la Couleur s'attacheroit bien à la furface de l'émail blanc ou de la couverte ; mais n'étant point pénétrée par une quantité de fondant néceffaire pour la vitrifier, elle refteroit terne & fans aucun luifant ; mais fi l'on en mettoit trop, la Couleur fe trouveroit noyée, s'étendroit, les contours ne feroient point exacts & terminés, & les traits déliés ne refteroient pas tels que le Peintre les auroit faits.

Il faut donc examiner avec la plus grande attention les effais qu'on fait de chaque Couleur, fur des morceaux de Porcelaine dont je parlerai dans la fuite,

(*) Les fels & les matieres les plus pefantes fe diffipent avec le temps dans l'atmofphere. *Chym. Metall. de Geller, Tome I, page 116.*
(**) C'eft une des facultés de l'air, de faciliter l'évaporation des matieres volatiles qui fe déga-gent des corps dans leur décompofition. *Diction. de Chym. Tome I, page 60.*

afin

afin de connoître non - feulement l'intenfité de la nuance, mais encore pour déterminer au jufte la quantité de fondant néceffaire pour chaque couleur.

On a éprouvé que toute Couleur qui exige plus de fix fois fon poids de fondant doit être rejettée, parce qu'alors elle ne coule plus facilement, & ne peut plus s'appliquer avec le pinceau.

Après avoir parlé des fondants, je vais paffer aux Couleurs avec lefquelles on les mêle; je commencerai par celles dont on fe fert en Allemagne, & je pafferai à celles décrites par M. de Montamy.

Maniere de préparer l'Or pour être appliqué fur la Porcelaine.

On parvient à divifer l'Or pour être employé dans la Peinture, de plufieurs manieres, qui toutes réuffiffent également.

La premiere s'exécute en prenant un gros d'or en feuilles; on le met dans un creufet que l'on place dans le feu pour le faire rougir; on met dans un autre creufet une once de mercure revifié du cinabre; on le fait chauffer jufqu'à ce qu'il commence à fumer; quand l'or eft rouge, on verfe deffus le mercure chauffé; on remue bien ce mélange avec une baguette de fer; & lorfqu'il commence à fumer, on jette promptement le tout dans un vaiffeau de terre verniffé, rempli d'eau: on laiffe repofer quelque temps; & lorfque cet amalgame eft froid, on décante l'eau, & on paffe l'amalgame par une peau de chamois pour en féparer le mercure; enfuite on met la matiere qui refte dans le chamois, dans une foucoupe de Porcelaine, qu'on place fur un feu de charbon pour faire évaporer le mercure; mais il faut éviter la fumée: par ce moyen on trouve dans la foucoupe l'or réduit en poudre très-fine.

Autre Maniere.

On prend de l'or le plus pur de coupelle, ou à fon défaut de l'or de ducat; on le bat entre deux parchemins fur un tas d'acier, jufqu'à ce qu'il foit réduit à l'épaiffeur d'une feuille de papier fin; on le coupe en petits carreaux de quatre à cinq lignes de largeur, dont on fait de petits cônes.

On prend enfuite de l'efprit de nitre en fuffifante quantité, qu'on met dans un matras; on jette un de ces morceaux d'or plié en cône dans le matras, & on verfe goutte à goutte, fur l'efprit de nitre, de l'efprit de fel, jufqu'à ce qu'on apperçoive que ces deux acides combinés portent leur action fur l'or, & que le petit cône fe couvre de bulles: c'eft une marque que la diffolution du métal commence; alors il faut mettre le matras en digeftion fur des cendres chaudes pour faciliter l'opération.

Quand le premier morceau d'or fera diffous, on en met un fecond, & ainfi de fuite jufqu'à ce que l'eau régale foit parfaitement faturée & ne diffolve plus rien.

On étend alors cette diſſolution dans de l'eau diſtillée ; on remue le tout avec un tube de verre ; on a enſuite de l'alkali fixe en liqueur , & on en verſe petit à petit dans la diſſolution d'or ; il ſe fait peu-à-peu un précipité de couleur jaune tirant ſur le roux ; quand il ne ſe précipite plus rien , on décante la liqueur qui ſurnage , & on édulcore le précipité dans de l'eau bouillante , juſqu'à ce qu'il n'imprime plus aucune ſaveur ſur la langue.

Alors on le fait ſécher dans une ſoucoupe de Porcelaine ou dans un vaſe de verre , & on le conſerve dans une boîte bien fermée à l'abri de la pouſſiere (*).

Quand on veut dorer une piece de Porcelaine , on mêle de cet or en poudre avec un peu de borax & de l'eau gommée , & avec un pinceau on trace les lignes ou les figures qu'on veut. Lorſque le tout eſt ſéché , on paſſe la piece au feu , qui ne doit avoir que la force néceſſaire pour fondre légérement la ſurface de la couverte de Porcelaine , & pour lors on éteint le feu. En ſortant du fourneau l'or eſt noirâtre ; mais on lui rend ſon éclat en frottant les endroits dorés avec du tripoli très-fin , ou avec de l'émeri ; enſuite on le brunit avec le bruniſſoir.

Autre maniere de préparer l'Or.

La maniere dont il s'agit actuellement eſt purement méchanique : elle conſiſte à prendre de l'or en feuilles , & la moitié à-peu-près de ſon poids de ſucre candi ; on triture ces deux matieres dans un mortier de verre ou d'agate ; & quand le tout eſt réduit en poudre , on broie cette poudre ſur un verre à broyer avec une molette , juſqu'à ce que le tout ſoit réduit en une poudre impalpable ; alors on jette ce mélange dans une ſuffiſante quantité d'eau chaude pour diſſoudre le ſucre ; l'or ſe précipite au fond du vaſe en une poudre très-fine.

On peut traiter l'argent de la même façon ; & pour cet effet on prend des feuilles d'argent dont les Doreurs & Argenteurs ſe ſervent pour argenter le cuivre. La maniere de l'appliquer ſur la Porcelaine , eſt la même que celle qui eſt expliquée ci-deſſus.

(*) On ne doit jamais ſe ſervir pour diſſoudre l'or qu'on veut employer ſur la Porcelaine , d'une eau régale compoſée avec le ſel ammoniac , parce que la chaux d'or qui en réſulte , acquiert la propriété de fulminer à la moindre chaleur, de même que l'or qui eſt précipité d'une eau régale quelconque par l'alkali volatil.

La raiſon de ce phénomene étonnant , ſuivant le ſentiment des Chymiſtes , & particuliérement M. de Beaumé , eſt, qu'il ſe forme un ſoufre nitreux dans le temps de la précipitation , par l'union du phlogiſtique contenu dans l'alkali volatil avec l'acide nitreux.

Ce ſoufre nitreux eſt alors mêlé & adhérent à chaque molécule d'or , & s'y trouve comme enfermé ; de façon que lorſqu'il s'enflamme , il produit un fracas d'autant plus terrible , qu'il eſt démontré que tous les corps ſuſceptibles d'exploſion en font une d'autant plus forte , qu'ils ſont plus reſſerrés & compreſſés.

Toutes les ſubſtances qui pourront occaſionner une nouvelle combinaiſon & décompoſer le ſoufre nitreux , doivent enlever à cet or ſa propriété fulminante ; & c'eſt en effet ce qui arrive ſi on y mêle exactement de l'alkali fixe , ou de l'acide vitriolique. *Dict. de Chym. Tom. II, page* **171.**

Pourpre.

Il faut compofer, avant tout, une **eau régale** qui fe fait ainfi :

℞. Efprit de fel, efprit de nitre, & fel ammoniac, quantité égale ; mettez cette compofition fur des cendres chaudes, jufqu'à ce que le fel foit diſſous ; & ne bouchez le matras que légérement pour éviter l'explofion (*).

Prenez enfuite un ducat de Hollande ou de Cremnitz ; ce dernier eft, dit-on, préférable ; faites-le rougir, & réduifez-le en feuilles très-minces, en le battant entre deux parchemins avec un marteau fur un tas d'acier ; coupez cette feuille en très-petits morceaux ; ayez un matras où il y aura de l'eau régale ci-deſſus décrite, & jettez dans ce matras un petit morceau d'or ; mettez le tout fur des cendres chaudes en digeftion, pour faciliter la diffolution de l'or ; quand il fera diſſous, vous en mettrez un autre morceau, & fucceſſivement jufqu'à ce que l'eau régale foit faturée & ne diſſolve plus d'or.

2°. Prenez enfuite deux gros d'étain pur de Cornouaille ; à fon défaut, ayez de l'étain doux réduit en feuilles, ou prenez des feuilles d'étain avec lequel on étame les glaces ; faites-les diffoudre petit à petit & le plus doucement poſſible, dans une eau régale, compofée avec une partie de bon efprit de fel, fur cinq parties en poids de bon efprit de nitre ; prenez deux onces de cette eau régale, que vous mettrez dans un matras, & fur laquelle vous verferez fix onces d'eau diftillée ; quand la folicule d'étain fera diſſoute, vous en ajouterez une autre, ainfi de fuite jufqu'à ce qu'il ne s'en diſſolve plus.

3°. Prenez un demi-gros d'argent de coupelle, réduit en grenaille ou en limaille, faites-le diffoudre en eau-forte ; mêlez les deux diffolutions numéros 2 & 3, c'eft-à-dire, l'étain & l'argent, & filtrez le tout enfemble ; confervez ces différentes diffolutions pour l'ufage que je vais dire.

Ayez un grand verre cylindre, *Fig. 25*, *Pl. I*, qui contienne environ dix ou douze onces d'eau ; rempliſſez-le à deux doigts près ; remuez cette eau d'une main avec une verge d'étain d'Angleterre, & verfez dedans de l'autre main, fans difcontinuer le mouvement, dix ou douze gouttes de la diffolution d'argent & d'étain mêlées enfemble ; enfuite ajoutez de la même maniere huit ou neuf gouttes de la diffolution d'or ; ce mélange prendra d'abord une couleur rouge très-foncée, qui deviendra d'un beau pourpre ; continuez ainfi jufqu'à ce que vous ayez employé vos diffolutions métalliques ; enfuite laiſſez repofer le tout ; & quand l'eau qui furnage fur le précipité fera devenue claire, vous décanterez la liqueur ; verfez deſſus de l'eau diftillée ; agitez bien le mélange, & laiſſez repofer ; décantez la liqueur une feconde fois ; verfez de nouvelle eau, &

(*) Cette eau régale eft celle dont les Ouvriers Allemands fe fervent, & qui réuſſit auſſi bien que l'eau régale ordinaire qui fe compofe avec l'efprit de nitre & l'efprit de fel, dont on peut varier les proportions à volonté.

répétez cette opération jufqu'à ce que le précipité pourpre foit bien édulcoré , ce que l'on connoîtra quand l'eau en fortira infipide ; alors on le fera fécher. Pour cet effet quand on aura décanté la derniere eau , on mettra le précipité dans une foûcoupe de Porcelaine ; on prend une meche de coton mouillée , dont on mettra un bout dans la foûcoupe , & l'autre bout pendra hors du vafe. Cette meche mouillée fera l'office de fiphon ; l'eau montera le long des fils , & coulera goutte à goutte hors de la foûcoupe ; on la portera enfuite dans un lieu chaud , à l'abri de la pouffiere , pour achever la difficcation ; alors le précipité fera en état d'être employé, en y ajoutant, en fuffifante quantité, du fondant n°. 1, décrit *pag.*25 , ou de celui décrit *page* 27.

Violet.

Pour obtenir le Violet, il faut fuivre le procédé que je viens de décrire pour le Pourpre, & ajouter à la diffolution d'or , étendue dans l'eau, plus de diffolution d'étain & d'argent mêlées enfemble ; le refte du procédé, ainfi que la quantité néceffaire du fondant, eft abfolument le même que pour le Pourpre.

Couleur brune nommée en Allemand Ferné.

CETTE Couleur fert pour exprimer des objets qui doivent être couverts par une Couleur principale , comme les nervures & les fibres d'une feuille d'arbre , qui font couvertes par le verd qui forme la feuille, qui étant fondu devient tranf-parent, & laiffe appercevoir ce qui eft exprimé par le ferné, que l'on fait ainfi.

Prenez de la diffolution d'or dans l'eau régale , comme ci-deffus, *page* 31 ; étendez-la dans de l'eau diftillée , dans les mêmes proportions que pour le Pour-pre ; remuez de même avec la verge d'étain d'Angleterre ; ajoutez-y de la diffo-lution d'étain feule fans argent ; l'eau deviendra noire ; verfez deffus de la diffo-lution de fel commun , & vous obtiendrez au lieu de Pourpre, un précipité d'une couleur foncée tirant fur le Violet, qui eft celle que l'on defire (*).

On emploie cette Couleur fans fondant , parce qu'elle doit être couverte par une autre ; mais fi on vouloit l'employer comme Couleur dominante , on pour-roit y ajouter du fondant comme pour les autres Couleurs.

Rouge.

PRENEZ de la limaille de fer autant qu'il vous plaira , faites-la diffoudre dans de l'eau-forte ; précipitez-la avec du fel de tartre ; décantez la liqueur , & mettez le précipité fur une lame de fer que vous expoferez fous une mouffle à un feu de charbon, jufqu'à ce qu'il prenne une belle couleur rouge , que l'on calcinera enfuite dans un creufet avec le double de fon poids de fel marin purifié & décré-pité, après l'avoir bien trituré dans un mortier de verre ou de Porcelaine pendant

(*) On peut varier le précipité d'or de Caffius à l'infini, en employant de l'étain plus ou moins pur. Les différents alliages de ce métal changent la couleur du précipité.

long-temps

long-temps pour mêler ces deux matieres enfemble ; la calcination commencera par un feu très-doux, & fera pouffée jufqu'au plus violent pendant deux heures, fans cependant le vitrifier. On retire la matiere du feu, on la laiffe refroidir, & on la triture dans le même mortier dont on s'eft fervi la premiere fois ; on verfe enfuite de l'eau chaude deffus, que l'on agite bien avec une lame de verre ; on décante tout ce que l'eau peut emporter de la couleur ; on continue de verfer de l'eau chaude fur ce qui eft refté au fond du mortier, jufqu'à ce qu'on voie que l'eau ne fe teigne plus ; alors on jette ce qui refte au fond du vafe. Toutes les eaux qui ont entraîné de la couleur, ayant été mifes dans un grand gobelet de verre, on les laiffe repofer ; & quand tout s'eft précipité au fond, on décante l'eau qui furnage, & on en met de nouvelle fur le réfidu ; on réitere cette manœuvre cinq ou fix fois ; on verfe enfuite le précipité dans une taffe de Porcelaine, on l'y laiffe repofer, & on retire l'eau par une meche de coton, comme je l'ai dit ci-devant. Ce fafran de Mars eft devenu très-fixe au feu par cette opération, de volatil qu'il étoit, ainfi que toutes les Couleurs tirées du fer, que l'on ne peut rendre fixes qu'en les traitant avec le fel marin, comme on vient de le dire, ce qui les rend propres à être employés avec toutes les Couleurs poffibles, fans courir les rifques d'en gâter aucune (*).

Autre Rouge.

On choifit du meilleur vitriol de Hongrie, réduit en poudre groffiere ; on le met fur un teft que l'on expofe fous une mouffle à un feu doux, continué pendant quatre jours, jufqu'à ce que cette poudre ait acquis une belle Couleur rouge : il faut rejetter les morceaux qui feront reftés verds.

On peut fe fervir, au lieu de teft & de mouffle, d'un creufet pour la calcination ; mais il faut garantir foigneufement la matiere du contaƈt de la flamme & de la vapeur du charbon. On met enfuite cette poudre rouge dans du vinaigre diftillé pendant trois ou quatre jours, & même davantage ; car plus elle y reftera, & plus le Rouge fera beau. Il faut enfuite édulcorer la matiere dans de l'eau diftillée, & recommencer la même opération, en obfervant de donner un

(*) Toutes les Couleurs rouges tirées du fer ou du vitriol martial, font extrêmement volatiles dans le feu ; ce qui fait un fi grand inconvénient, qu'on avoit renoncé à les employer dans la Peinture en Email & en Porcelaine : elles deviennent très-fixes en les calcinant avec le fel marin : la raifon de ce phénomene n'a pas été déterminée. J'ai lieu de croire que dans la calcination du vitriol martial, il refte toujours une portion de l'acide vitriolique, unie à la chaux métallique, que les lotions ni la calcination ne peuvent pas enlever ; mais lorfqu'on emploie cette chaux métallique, mêlée avec le fondant vitreux dans la Peinture en Email, la matiere entrant alors en fufion, l'acide vitriolique s'échappe & fe combine avec le phlogiftique de la portion de matiere graffe qui entroit comme partie conftituante du vitriol, & qui avoit échapé à la calcination : par l'union de l'acide vitriolique & du phlogiftique, il réfulte un foufre qui fe volatilife par l'ardeur du feu, & emporte avec lui la chaux métallique ; mais fi l'on calcine du fel marin avec les fafrans de Mars, il fe fait une nouvelle combinaifon, l'acide vitriolique s'empare de la bafe du fel marin, avec laquelle il a plus d'affinité qu'avec la chaux métallique, l'acide marin devient libre & eft chaffé par la chaleur dans l'atmofphere ; il réfulte un fel de glauber, qui étant diffoluble dans l'eau, eft emporté par les lotions, & la chaux métallique refte pure & devient très-fixe.

feu encore plus modéré que la premiere fois ; après cela on traite cette matiere avec le fel marin comme la précédente.

Noir.

On prend du kobalt, de la chaux de cuivre, nommée en latin *æs uſtum*, de la terre d'ombre, autant de l'un que de l'autre ; on réduit le tout en poudre impalpable dans un mortier d'agate, & l'on emploie cette Couleur avec trois parties du fondant N°. 1, *page* 25, ou de celui *page* 27, qui eſt le meilleur.

Autre Noir.

℞. Chaux de cuivre, quatre parties ; ſmalt ou bleu d'azur foncé, une partie ; mâche-fer ou ſcories de fer, une partie ; le tout en poudre impalpable, avec trois parties du fondant ci-deſſus.

Verd foncé.

℞. Le cuivre ſulfuré appellé en latin *æs uſtum*, mêlé avec un peu de bleu & du fondant N°. 2, *page* 25, donne un Verd foncé.

Verd clair.

℞. Bleu de montagne mêlé avec le fondant N°. 2. Le cuivre ſulfuré, ou *æs uſtum*, mêlé avec un peu de jaune, donne un verd clair, en y ajoutant du fondant N° 2.

Autre Verd clair.

℞. Trois parties de chaux de cuivre calcinée, deux parties de verd de montagne mêlé & mis en poudre avec le fondant N°. 2.

Verd jaune.

℞. Deux parties de verd de montagne, deux parties de chaux de cuivre, une partie de ſmalt, le tout alkooliſé & mêlé avec le fondant N°. 2. (*)

Bleu.

℞. Smalt choiſi & broyé, avec un peu de fondant N°. 1. Cette Couleur ſe mêle très-bien avec les Verds ci-deſſus, pour former des nuances.

Bleu foncé.

℞. Du ſmalt le plus foncé, connu ſous le nom de *bleu d'azur*, & qui n'eſt que le verre de kobalt, mêlé avec du ſable ; faites fondre cette matiere dans un

---

(*) La baſe de la couleur verte eſt toujours la chaux de cuivre mêlée avec fondant quelconque ; on peut varier l'entenſité de cette couleur, en y ajoutant du bleu ou du jaune à volonté.

creufet en un verre bleu foncé ; mettez-le enfuite en poudre impalpable dans un mortier d'agate , & ajoutez-y du fondant No. 2.

Jaune tendre.

R℞. Blanc de plomb de Venife , calciné dans un creufet, ou fur un teft fous une mouffle , pour éviter le contact des charbons , jufqu'à ce qu'il ait acquis une couleur jaune : on le mêle avec du fondant No. 2.

Autre Jaune.

R℞. Jaune de Naples , avec fuffifante quantité du même fondant : il faudra tâtonner la dofe. Le Jaune de Naples fe fait ainfi : cérufe , douze onces ; antimoine diaphorétique , deux onces ; alun & fel ammoniac, de chaque demi-once : on mêle le tout dans un mortier de marbre ; on le calcine enfuite fur un teft à un feu modéré , qu'on continue pendant trois heures : il faut avoir foin d'entretenir pendant tout le temps de la calcination , la capfule rouge. Suivant la quantité de fel ammoniac qu'on emploie , la couleur du Jaune de Naples varie. C'eft M. de Fougeroux , de l'Académie des Sciences , qui a rendu ce procédé public.

Orange.

R℞. Quatre onces d'antimoine , deux onces de litharge d'or ; on pulvérife le tout , & on met le mélange dans un creufet, que l'on expofe à la plus grande chaleur du fourneau de Porcelaine ; enfuite on pulvérife une feconde fois le verre que l'on trouve dans le fond du creufet, & l'on ajoute trois parties du fondant N°. 1 ; on remet le tout dans un creufet neuf, frotté avec du blanc de Rouen , comme je l'ai expliqué ci-devant , *page 27* ; on fait fondre cette compofition une feconde fois ; on réitere ainfi jufqu'à ce que cette compofition ait acquis une belle couleur Jaune.

Si l'on defire obtenir un Jaune clair , on y ajoute du Jaune de Naples préparé avec fon fondant , comme il a été dit ci-deffus. Cette Couleur eft d'autant plus avantageufe pour la Peinture en Porcelaine , que l'on peut la mêler avec toutes les autres.

Brun.

R℞. La terre d'ombre bien lavée pour la dépouiller de fes parties hétérogenes, féchée & calcinée , enfuite mêlée avec du fondant , donne une Couleur brune.

Après avoir parlé de la compofition des Couleurs & des fondants , je vais donner la façon de combiner ces deux fubftances enfemble , dont la grande exactitude dans la préparation , contribue à la perfection de la Peinture en Porcelaine.

Préparation des Couleurs.

ON pile les Couleurs dans un mortier d'agate, de Porcelaine ou de verre, avec le pilon de même matiere, le plus proprement possible & à l'abri de la poussiere ; ensuite on les broie sur une glace adoucie & non polie, qui est fixée dans un cadre de bois qui est rempli de bon plâtre, sur lequel elle est posée de niveau parallele avec la planche qui sert de fond au cadre, pour lui donner une assiette solide ; il faut prendre garde qu'elle porte par-tout également, sans quoi elle se casseroit par la pression. La molette doit être aussi de verre adouci comme la glace ; on prend, avec un pinceau destiné uniquement à cet usage, des deux especes d'huiles préparées comme je l'ai dit *page* 24 ; on met ces huiles sur le verre à broyer avec la Couleur, & l'on ajoute du fondant en différentes proportions, que l'on a soin de peser exactement, ainsi que la Couleur, pour savoir au juste ce que l'on a employé, & pouvoir se régler d'après les essais que l'on fait en tâtonnant. La regle générale pour les fondants N°. 1 & N°. 2, est de mettre deux fois & demie autant de fondant que de matiere colorante ; mais il y a des Couleurs qui en exigent moins, & d'autres plus ; par exemple, le smalt n'en demande que la moitié en sus de son poids.

Il faut avoir grande attention de ne broyer les Couleurs qu'avec une petite quantité d'huile, parce que si l'on en mettoit trop, cette huile, en s'évaporant, laisseroit des vuides entre les molécules colorées, & le dessin seroit imparfait ; d'ailleurs les Couleurs étant des chaux métalliques, courroient risque de se revifier par le phlogistique que l'huile leur fourniroit ; c'est pourquoi il est absolument nécessaire de faire sécher la peinture sur un poële, à une chaleur assez considérable avant de la mettre au feu. On broie les Couleurs comme celles qu'on emploie dans la miniature, jusqu'à ce que l'on ne sente plus d'aspérités sous la molette ni sous les doigts : leur fluidité doit être telle, que l'on en puisse faire aisément un trait léger & net avec un pinceau ; alors on prend de ces Couleurs ainsi préparées pour former les Inventaires.

Des Inventaires.

LES Peintres en Porcelaine nomment *Inventaires*, des morceaux de Porcelaine larges d'un pouce, de trois ou quatre lignes d'épaisseur, qui ont reçu la couverte blanche comme les pieces qui sont à peindre : on fait sur ces morceaux de Porcelaine des traits, de deux ou trois lignes de largeur, avec le pinceau & la couleur que l'on veut essayer ; on a soin de mettre à côté de chaque trait un numéro qui réponde à la Couleur dont il a été formé, & ce numéro répond à celui de la boîte dans laquelle la Couleur est renfermée ; ensuite on met les Inventaires sous une moufle pour y fondre les Couleurs ; il faut aussi

remarquer

remarquer l'efpace de temps qu'il faut pour vitrifier ces Couleurs. Les traits qui font fur l'Inventaire au fortir du feu déterminent la force ou la foibleffe des Couleurs, ainfi que la quantité de fondant qu'elles exigent.

Il faut tenir un regiftre exact, comme le dit M. de Montamy, de la qualité, de la quantité & des proportions avec lefquelles on les a mêlées avec le fondant, ainfi que du temps qu'elles ont demeuré au feu. Toutes les Couleurs, après avoir été pilées dans un mortier, comme je l'ai dit ci-devant, feront renfermées dans des boîtes d'ivoire ou de buis qui ferment exactement, & qui auront les mêmes numéros que les Inventaires: on les fortira de ces boîtes pour les broyer fur le verre à broyer, quand on voudra s'en fervir, mais jamais d'avance.

Les Inventaires une fois faits ferviront de regle pour compofer la palette du Peintre en Porcelaine; & par une fuite plus ou moins confidérable d'effais numérotés, on parviendra à fe procurer des teintes comme le Peintre à l'huile. Voyez l'expofition abrégée de la Peinture en Email.

De la façon de charger la Palette.

IL faut avoir pour chaque Couleur primitive, un morceau de verre adouci & non poli, que l'on pofera fur un papier blanc pour pouvoir mieux juger des Couleurs. Alors on prend de ces couleurs primitives avec la pointe d'un couteau, pour en former les teintes au gré de l'Artifte, que l'on tranfporte fur un autre verre adouci, fous lequel il y aura du papier blanc; il faut avoir attention de marquer fur le papier les même numéros de l'Inventaire, que l'on pourra lire à travers le verre, & l'on pofera à côté de ces numéros les Couleurs qui y répondent, afin que le Peintre puiffe juger de l'effet de ces Couleurs quand elles auront paffé au feu.

Les Peintres en Porcelaine n'ont pas l'avantage de voir fur la palette le ton de la couleur, comme le Peintre à l'huile; les Couleurs en Porcelaine ou en Email font prefque toutes brunes avant d'avoir paffé au feu; ainfi ce n'eft que par le moyen des Inventaires dont j'ai parlé, qu'ils peuvent déterminer leurs teintes.

Les pieces de Porcelaines au fortir des mains du Peintre feront expofées, comme je l'ai dit, à la chaleur d'une étuve très-chaude, pour faire fécher les couleurs & évaporer l'huile; pour cela on les met fur une plaque de tôle percée de plufieurs trous; enfuite on met ces pieces dans la mouffle pour parfondre les Couleurs & leur donner le vernis.

De la façon de donner le feu pour parfondre les Couleurs.

IL faut avoir des mouffles de différentes grandeurs; ce font des vafes de terre à Porcelaine qui doivent réfifter au feu, & dont la partie fupérieure eft circulaire en forme de voûte; la *Fig.* 12 donnera une idée de leur forme : elles fe fermeront exactement avec une porte de même matiere qui eft oppofée à la partie *b*, *Fig.* 12, où eft le canal ou tuyau d'obfervation. On introduit les pieces de Porcelaine peintes dans ces mouffles, de façon qu'elles foient ifolées & ne touchent point aux parois de la mouffle, afin que lorfque ces Couleurs fe fondent, elles ne s'effacent pas par le contact.

Ces mouffles ainfi chargées de leurs pieces de Porcelaine, fe placent fur les grilles *b*, *b*, *b*, dans les cafes *a*, *a*, *a* du fourneau, *Fig.* 13.

Ce fourneau eft formé par un mur de briques liées avec de la terre à four, de la hauteur à-peu-près de cinq pieds & demi ou fix pieds. Ce mur eft divifé en différentes féparations élevées perpendiculairement fur le mur principal. La *Fig.* 13, *a*, *a*, *a*, donnera l'idée de ce fourneau & de fes divifions, qui forment autant de cafes pour placer les mouffles : il en faut de différentes grandeurs, proportionnées aux pieces de Porcelaine que l'on veut y préparer. A deux pieds de haut, on pratique deux couliffes pour chaque cafe, dans les parois des petits murs en brique, qui forment les féparations, pour y loger un plateau de fer ou de tôle épaiffe *c*, *c*, *c*, qui doit fe mouvoir dans ces couliffes, par la raifon que j'expliquerai dans la fuite.

A deux pouces & demi où trois pouces au-deffus de ce plateau, on fixe dans le mur des grilles de fer *b*, *b*, *b*, deftinées à foutenir les mouffles. *Voyez la Fig.* 13.

Quand on voudra parfondre les Couleurs, il faudra premiérement avoir du charbon de hêtre ou de chêne bien choifi & bien fain, au point qu'il ne fume pas en brûlant; la mauvaife qualité du charbon feroit capable de gâter tout l'ouvrage. On met ce charbon fur les plateaux *c*, *c*, *c*, & on en remplit l'efpace jufqu'aux grilles *b*, *b*, *b*, fur lefquelles on pofe les mouffles, *Fig.* 12. On entoure les mouffles avec du charbon jufque fur le dôme; enfuite on remplit les petits interftices que les morceaux de charbon ont laiffés entr'eux, avec de la braife de Boulanger; fi bien que les mouffles fe trouvent enfevelies dans le charbon : il ne doit fortir hors du charbon que le tuyau ou canal *b*, deftiné à voir ce qui fe paffe dans la mouffle : on met dans ce canal des petits morceaux de Porcelaine larges de deux lignes, fur lefquels on a mis des Couleurs les plus difficiles à fondre, pour pouvoir juger du moment où l'on doit ceffer le feu. Toutes les chofes étant ainfi, on allume le feu avec quelques charbons ardents, que l'on met autour de la mouffle, & on les laiffe s'embrafer d'eux-mêmes : on doit avoir la plus grande attention à retirer les charbons qui donnent de la fumée.

Quand tout fera embrafé, & que la mouffle paroîtra rouge, il faudra retirer les montres ou épreuves qui font dans le canal d'obfervation *b*, *Fig.* 12, & fi les Couleurs font bien fondues & brillantes, on arrête le feu fur le champ, en retirant brufquement les plateaux de fer *c*, *c*, *c*, qui fe meuvent dans des couliffes, & fur lefquels étoient les charbons qui tombent dans le cendrier, & le feu cesse.

On laisse ensuite refroidir le tout pour retirer les pièces de Porcelaine. Pour ne pas perdre le charbon qui n'eft pas encore confumé, il faut avoir de grands vafes de tôle ou de cuivre, que l'on nomme *Etouffoirs*, qui ferment exactement, dans lefquels on met les charbons ardens qui tombent de deffus les plateaux *c*, *c*, *c*: quand on cesse le feu, on ferme ces étouffoirs, la braise s'éteint & peut fervir à une autre opération.

On ne fauroit trop recommander de bien choifir les charbons deftinés à parfondre les Couleurs; il faut voir tous les morceaux les uns après les autres, & rejetter ceux qui ne font pas bien noirs, & qui ont encore des parties ligneufes.

Non-feulement les mauvaifes qualités du charbon peuvent nuire à un ouvrage, mais on croit encore que la température de l'air, & l'haleine forte des perfonnes contribuent au peu de réuffite. M. de Montamy conseille aux Peintres vigilants d'éloigner d'eux tous ceux qui auroient mangé de l'ail, ou que l'on foupçonne de faire ufage de remedes mercuriels.

Voilà à-peu-près tout ce qui fe pratique avec quelques fuccès dans les Manufactures de Porcelaine que j'ai eu occafion de voir; mais pour completter l'Art de la Porcelaine & fa Peinture, j'ajouterai ici les procédés que M. de Montamy à donnés pour la compofition des Couleurs en Émail, qui feront tirés en entier de fon excellent Ouvrage, auquel je renvoie les Amateurs qui défireront avoir un plus grand détail.

Blanc de M. de Montamy.

Cette Couleur eft fi néceffaire au Peintre pour former une fuite de nuances, & furmonter la difficulté de ménager le fond pour faire paroître le Blanc dans les petites parties où il eft indifpenfable de l'avoir pur, par exemple, les deux petits points blancs qui doivent être exprimés dans les yeux fur la prunelle, &c. que le défir de tous les Artiftes étoit d'avoir la compofion d'un Blanc que l'on pût employer avec le fondant général, & combiner avec les Couleurs foncées, pour en compofer une fuite de teintes, comme les Peintres en huile. M. de Montamy a réuffi à en compofer un qui réunit tous ces avantages.

Il faut deux fubftances pour le compofer; le fel marin & l'étain le plus pur. Celui d'Angleterre connu fous le nom d'*Etain vierge*, feroit le meilleur; mais il eft fi difficile de s'en procurer, qu'on lui fubftitue celui que les Potiers appellent *Etain neuf* ou *Etain doux*, qu'ils vendent trente fols la livre.

Le fel marin fe purifie en le diffolvant dans l'eau chaude diftillée; on le filtre par le papier gris, comme je l'ai dit en parlant du falpêtre, *page 26*. Enfuite on met la diffolution fur le feu dans une capfule de Porcelaine bien propre,

& l'on fait évaporer jufqu'à ficcité ; on met enfuite ce fel, qui eft très-blanc, dans un creufet couvert pour le faire décrépiter ; on le laiffe dans le feu jufqu'à ce que le bruit de la décrépitation foit ceffé (*).

Dôfes.

℞. Etain doux.. 1 gros.

     Sel préparé.. 2 gros.

O N commence par mettre un creufet au feu, après l'avoir couvert, de peur qu'il ne tombe dedans du charbon ou de la cendre ; lorfque le creufet eft rouge, on y met l'étain ; on le laiffe ainfi jufqu'à ce qu'on juge que l'étain foit non-feulement fondu, mais même qu'il foit rouge ; alors on met dans le creufet, fans le retirer du feu, le double du poids de l'étain, de fel marin préparé comme il a été dit ; on a une verge de fer bien propre, dont on a fait chauffer un bout, avec laquelle on remue le mélange jufqu'au fond du creufet, afin de bien mêler l'étain fondu & le fel. On recouvre le creufet que l'on continue de bien tenir entouré de charbons ardents ; on le découvre de temps en temps, pour remuer la compofition avec la baguette de fer, dont le bout doit être propre & bien chaud. Lorfque l'extrémité de cette baguette qui trempe dans le creufet commence à blanchir, c'eft une marque que la calcination eft bientôt à fon terme : on continue cette manœuvre pendant une heure ; après on retire le creufet du feu.

On écrafe la matiere que l'on a tirée hors du creufet dans un mortier de verre ou de Porcelaine, & on la met dans un teft à rôtir qui n'eft qu'un teffon des petits pots de grès dans lefquels on apporte du beurre de Bretagne ; on le met au milieu des charbons ardents, en prenant garde qu'il n'en tombe pas dedans, & on le couvre d'une mouffle ouverte par les deux bouts. On met d'abord un peu de charbons ardents fur la mouffle pour l'échauffer, & on augmente le feu par dégré jufqu'à ce que la mouffle foit entiérement enfevelie dans les charbons ardents : on continue le feu de cette façon pendant trois bonnes heures ; après quoi l'on dégage la mouffle du charbon qui eft autour ; on retire enfuite du feu le teft avec des pincettes.

On trouve la matiere affez dure & un peu attachée au teft ; on la fait tomber avec la lame d'un couteau dans un mortier de verre ou de Porcelaine, & on la broye bien long-temps avec un pilon de la même matiere.

Lorfque la matiere eft réduite en poudre, on la met dans un grand vafe de verre ou de cryftal, & on verfe deffus de l'eau filtrée très-chaude jufqu'à ce que l'eau furpaffe la matiere de deux ou trois doigts ; alors on agite fortement cette eau avec une lame de verre ou de Porcelaine, & tout de fuite on verfe l'eau par inclination dans un autre vafe, en prenant garde de ne pas verfer ce qui fe trouve au fond : on remet de nouvelle eau chaude fur la matiere qui eft reftée

---

(*) Pour avoir le fel marin le plus pur qu'il eft poffible, il faut après avoir filtré la diffolution par le papier gris, la faire évaporer jufqu'à pellicule, & la mettre dans un lieu frais, pour favorifer la cryftallifation ; enfuite on retire les cryftaux, & on choifit, pour l'opération dont il s'agit, ceux qui font cryftallifés en cubes ou en trémies.

au

au fond, qu'on agite & qu'on décante enfuite, comme on a fait la première fois. On continue cette manœuvre tant que l'eau chaude devient blanche ; on garde à part ce qui eft demeuré au fond & qui ne teint prefque plus l'eau: en broyant ce réfidu fur une glace, & reverfant de l'eau chaude deffus comme ci-devant, on en tireroit encore un blanc, mais qui n'étant pas de la même fineffe & de la même beauté que l'autre, ne pourroit fervir que dans les mélanges des Couleurs.

On laiffe repofer toutes ces eaux blanches dans un vafe où on les a réunies, jufqu'à ce que la matiere blanche qui les colore fe foit précipitée, & que l'eau foit devenue claire; on verfe doucement cette eau claire, & on remet de nouvelle eau fur le blanc qui eft refté au fond; on continue les lotions jufqu'à ce qu'on juge que la matiere foit affez édulcorée, & que les eaux aient entiérement emporté le fel ; ce que l'on apperçoit lorfque l'eau fort infipide de deffus le précipité. Ordinairement fur trois gros de matiere, fur laquelle on a mis un demi-feptier d'eau (qui équivaut à huit onces), il fuffit d'avoir renouvellé cette eau cinq ou fix fois.

On tranfporte enfuite le blanc dans un grand pot de terre bien vernilfé, contenant au moins deux pintes d'eau, on verfe deffus de l'eau diftillée jufqu'à ce qu'il foit plein, & on le fait bouillir à gros bouillons pendant deux heures, en remettant toujours de nouvelle eau chaude à la place de celle qui s'évapore; plus le pot contiendra d'eau, & mieux l'opération réuffira: on ôte le pot du feu, & on laiffe repofer l'eau pendant plufieurs heures; après quoi on panche doucement le pot, & on décante l'eau tant qu'elle refte claire : on verfe le refte dans un gobelet de verre, qu'on acheve de remplir avec de l'eau fraîche diftillée. On vuide cette eau lorfqu'elle eft devenue claire, & on verfe le blanc dans une foucoupe ou dans une taffe à café: vingt-quatre heures après, quand le blanc eft tout-à-fait dépofé au fond, on applique dans le peu d'eau qui furnage, une meche de coton qu'on a imbibée d'eau auparavant, & dont le bout qui pend hors de la taffe, eft plus long que celui qui eft dedans: l'eau s'écoule ainfi peu-à-peu, & le blanc refte fec.

Si la calcination n'a pas été affez forte, ce qui refte au fond de la taffe après toutes les lotions faites, & que l'on a mis à part, reftera d'un gris brun, alors il ne peut pas fervir ; mais fi la calcination a été bien faite, ce réfidu qu'on appelle *le marc*, eft d'un gris blanc; dans ce cas il faut le broyer fur la glace à broyer, en l'humeétant avec de l'eau pendant long-temps, alors il devient très-blanc; on le lave enfuite dans plufieurs eaux, & on le fait bouillir dans un grand pot, comme on a fait le premier blanc, dont il differe très-peu pour la beauté & la bonté. Ce blanc pourroit s'employer avec avantage dans la Peinture à l'huile avec laquelle il fe mêle très-bien.

On couvre la taffe où eft refté le blanc avec du papier, pour empêcher la pouffiere d'y pénétrer, & on laiffe fécher le blanc tout-à-fait, ou, fi l'on étoit preffé, on met la taffe fur un poële, ou dans un lieu chaud à l'abri de la pouffiere. Cette poudre broyée fur le verre à broyer, avec trois fois fon poids du fondant décrit , *pag.* 26 , donne un très-beau blanc. M. de Montamy avertit, *pag.* 58. *Traité des Couleurs* , que l'on manquera l'opération ci-deſſus , ſi l'on n'a pas eu ſoin d'employer l'étain le plus pur & le plus fin que l'on puiſſe trouver chez les Marchands :

Si dans la calcination , il eſt tombé des parcelles de charbon ou de cendre dans le creuſet ou dans le teſt :

Si le charbon fumoit & n'étoit pas bien allumé avant de s'en ſervir :

Si la calcination n'a pas été aſſez longue ni aſſez vive :

Si l'on n'a pas verſé de l'eau chaude auſſi-tôt après la derniere calcination , & ſi on lui a laiſſé le temps de prendre l'humidité de l'air.

Enfin ſi en dernier lieu on n'a pas fait bouillir le blanc dans une aſſez grande quantité d'eau & aſſez long-temps.

On ne ſauroit trop recommander dans cette opération la plus grande propreté , qu'il faut pouſſer juſqu'au ſcrupule.

Pourpre.

Il faut avoir l'étain le plus pur qu'il eſt poſſible , celui de Melac eſt ce que l'on peut avoir de mieux. On le réduit en feuilles minces en le battant entre deux feuilles de papier avec un marteau ſur un tas d'acier. On peut auſſi employer les feuilles d'étain dont les Miroitiers ſe ſervent pour étamer les glaces de miroir. On prend enſuite de l'or à 24 karats ; s'il eſt poſſible , on le bat de même entre deux papiers pour le mettre en feuilles très-minces ; on coupe ces feuilles en petits morceaux ; on fait diſſoudre premiérement l'or dans de l'eau régale ; que l'on fait en mettant une partie de ſel ammoniac bien purifié dans quatre parties d'eſprit de nitre , on met l'eſprit de nitre dans un matras ſur des cendres chaudes , & on y ajoute peu-à-peu ce ſel ammoniac par petits morceaux , & l'on attend pour en mettre de nouveau que les précédents ſoient entiérement diſſous. Quand l'eau régale eſt faite , on la filtre par un papier gris ; on met cette eau régale dans un matras que l'on poſe ſur des cendres chaudes , & on laiſſe tomber dedans l'or par petites parcelles : lorſque cet or eſt diſſous , on en remet de nouveau , & toujours ainſi , juſqu'à ce qu'il en reſte au fond du vaſe qui refuſe de ſe diſſoudre.

Voici encore une autre façon de compoſer une eau régale pour diſſoudre l'or. On prend de bon eſprit de ſel que l'on met dans un gobelet de verre ; on met dedans des petites lames d'or très-minces ; on ajoute enſuite dans ce gobelet de l'eſprit de nitre goutte à goutte , en obſervant au travers du gobelet le moment où l'or commence à être attaqué , ce qui ſe voit lorſqu'il monte dans la liqueur de petites bulles qui partent de l'or ; il faut très-peu d'eſprit de nitre pour produire cet effet : on ceſſe alors d'ajouter de l'eſprit de nitre , & l'eau régale eſt faite : on y ajoute de l'or petit à petit comme ci-deſſus , juſqu'à ce que l'eau régale en ſoit ſaturée & n'en diſſolve plus.

La diffolution d'étain demande une attention beaucoup plus grande, parce que le fuccès de la couleur rouge produite par la précipitation de l'or, dépend ab-folument de la façon dont cette diffolution eft combinée avec l'eau qu'on doit néceffairement y mêler, afin d'affoiblir le diffolvant de façon que la diffolution fe faffe lentement & fans ébullition. On fait cette eau régale propre à cette opération en mêlant enfemble cinq parties (en poids) de bon efprit de nitre, avec une partie d'efprit de fel : on prendra la quantité que l'on voudra de cette eau régale qu'on verfera dans un matras ; on ajoutera à cette eau une double ou même une triple quantité d'eau diftillée ; ce mélange fait, on mettra dedans une feuille d'étain battue auffi mince qu'une feuille de papier, & grande comme une piece de vingt-quatre fols.

Cet étain commencera par devenir noir, enfuite il fe mettra en pieces, & finira par fe diffoudre avec le temps : il fe dépofera une poudre noire au fond de la bouteille : vingt-quatre heures après, on mettra dans le matras une nouvelle feuille d'étain comme la premiere, ce que l'on continuera ainfi pendant fix jours; après ce temps la liqueur prendra une petite teinte jaunâtre ; alors on la fera paffer à travers un papier gris dans un entonnoir de verre à filtrer, on féparera par ce moyen la poudre noire reftée au fond de la bouteille ; on mettra cette diffolution dans une bouteille bien bouchée, & on la laiffera repofer deux ou trois jours, après quoi elle fera en état d'être employée.

On peut encore précipiter l'or en rouge, en mettant dans l'eau régale ci-deffus deux fois autant (en mefure & non en poids) d'efprit-de-vin que l'on a mis d'eau régale ; on y ajoute des feuilles d'étain toutes les vingt-quatre heures, comme on a fait dans la compofition précédente, à l'exception que dans celle-ci il n'en faut mettre que pendant cinq jours pour qu'elle foit à fon point ; alors on la filtre par le papier gris.

Il eft à remarquer que les diffolutions d'étain perdent au bout d'un certain temps la propriété de précipiter l'or en rouge, c'eft-à-dire, au bout de trois femaines ou d'un mois, fuivant le temps plus ou moins chaud ; mais lorfqu'on s'en apperçoit, il fuffit pour la leur rendre entiérement, de mettre dedans la même quantité d'étain en feuilles que l'on en avoit mis la premiere fois ; & vingt-quatre heures après, la compofition fe trouve avoir acquis la même vertu d'opérer la précipitation rouge ; ce qui peut fe réitérer autant de fois qu'elle l'aura perdue.

Il faut encore obferver qu'en ne mettant que deux mefures d'eau diftillée fur une mefure d'eau régale, la compofition quoique très-claire quand elle eft nouvellement faite, commence quelques jours après à être trouble, & devient enfin opaque ; mais dans cet état, elle n'en eft pas moins bonne à précipiter l'or en rouge ; on s'apperçoit même au bout de quelque temps que cette compofition s'éclaircit peu-à-peu & redevient tranfparente comme elle étoit, fans plus rede-venir opaque, lorfqu'on eft obligé de mettre dedans de nouvel étain. Celle dans

laquelle on a employé trois mesures d'eau distillée contre une d'eau régale ;
n'est pas si sujette à devenir trouble.

Quand la dissolution a les qualités requises pour produire son effet, on met
un demi-poisson, c'est-à-dire, deux onces d'eau distillée dans un vase de verre,
Fig. 25, on prend un tuyau de barometre assez gros dont une des extrémités,
a été mise en pointe, & l'autre arrondie par le moyen du chalumeau d'un
Emailleur ; on trempe ce tuyau par la pointe dans la dissolution d'or à une
hauteur que l'on a soin de marquer avec un fil ; & tout de suite on le transporte
dans l'eau qui est dans le vase *Fig. 25*, on l'agite un peu afin qu'il dépose ce
qu'il a emporté avec lui de la dissolution d'or ; on retourne ensuite le tube, &
on le trempe par l'extrémité arrondie dans la dissolution d'étain en l'enfonçant
dedans au moins à la même profondeur que l'on a enfoncé la pointe dans la
dissolution d'or ; on transporte tout de suite ce tube dans l'eau du vase, dans
laquelle on a déja mis de la dissolution d'or ; on agite un peu l'eau, afin de lui
communiquer ce que le tuyau a emporté de la dissolution d'étain ; on nétoye
ce tube, & lorsqu'on voit que la liqueur devient rouge, on remet encore de la
même maniere deux fois autant de dissolution d'étain que l'on en a mis la premiere fois.

C'est alors que la liqueur se teint d'une belle couleur rouge foncé comme
du gros vin ; on la verse dans un grand vase de verre ou de crystal ; on recommence à faire la même teinture dans le vase *Fig. 25*, après l'avoir bien nétoyé ;
on verse ensuite avec l'autre dans le grand vase, quand on le croit assez rouge.
On continue cette manœuvre jusqu'à ce qu'on juge que l'on ait une suffisante
quantité de Couleur dans le grand vase.

On laisse reposer le tout pendant vingt-quatre heures. Lorsqu'on voit la couleur
rouge bien déposée au fond, & l'eau qui la surnage bien claire, on décante cette
eau par inclination jusqu'à ce que la Couleur soit prête à sortir avec l'eau ; alors
on remplit ce vase avec de nouvelle eau, qu'on laisse reposer jusqu'à ce que la
Couleur soit précipitée, & que l'eau qui surnage soit claire : alors on décante
cette eau comme on a fait la premiere fois, & on en remet de nouvelle à sa
place. Si le vase est assez grand, il suffit de faire cette manœuvre trois ou quatre
fois. Lorsqu'on croira la Couleur assez lavée, on décantera l'eau jusqu'à ce que
la Couleur soit prête à sortir, on remuera bien le vase, & on versera brusque-
ment la Couleur & l'eau restante dans une tasse de Porcelaine ; on l'y laissera reposer pendant un jour ; après quoi on mettra dedans une meche de coton, comme
il a été dit *page 32* ; par ce moyen toute l'eau s'écoulera, & la Couleur restera
au fond de la tasse, semblable à une espece de gelée de groseilles rouges ; on
enlévera la meche de coton, & on laissera sécher à l'ombre ce précipité qui
diminuera prodigieusement de volume, & paroîtra comme une poudre noirâtre
lorsqu'elle sera tout à fait séchée. On fera tomber cette poudre sur la glace à
broyer, & on la ramassera en un petit tas ; on prendra de l'eau distillée avec

le

PLANCHE
II.

le bout du doigt, que l'on secouera sur la couleur qu'on broyera avec la molette pendant long-temps, ayant soin d'humecter la couleur lorsqu'elle vient à se trop sécher. On la laissera ensuite sécher à l'ombre à l'abri de la poussiere, & quand la dessiccation sera parfaite, on la ramassera avec un couteau à couleur.

Il est aisé de varier la nuance de ces Pourpres : on vient de décrire la manipulation qui fait ordinairement les plus beaux; si l'on met une plus grande quantité de dissolution d'étain, les Pourpres qui en viendront seront d'un violet foncé. Il est possible aussi de produire des Pourpres bruns, cela dépendant de l'alliage plus ou moins grand que l'or ou l'étain contiennent.

Pour avoir un Pourpre tirant sur le noir, on mettra sur un demi-poisson d'eau (deux onces) de la dissolution d'or, jusqu'à ce que l'eau commence à prendre une petite couleur jaune très-légere; on suspendra dans cette eau avec un fil, un petit morceau d'antimoine jovial, fait avec trois parties d'étain & deux parties de régule d'antimoine; on trouve cet antimoine tout préparé chez les Apotiquaires, on laissera pendant douze ou treize jours ce morceau suspendu dans la liqueur, ayant soin de l'essuyer de temps en temps légérement, afin que la dissolution d'or puisse mordre dessus; après quoi on retirera le morceau d'antimoine; on versera la liqueur & la poudre qui sera précipitée au fond dans un plus grand vase qu'on remplira d'eau; lorsque la poudre sera tout-à-fait tombée au fond, & que l'eau qui surnage se trouvera claire, on décantera cette eau claire, & l'on en mettra d'autre à la place à plusieurs reprises, pour bien édulcorer la matiere, & on achevera le reste de l'opération comme il a été dit ci-devant pour les autres Couleurs. Chacune de ces poudres, broyées avec six fois son poids du fondant général, produit des Pourpres de différentes nuances, & très-solides.

On auroit pu faire ces précipitations, tout-d'un-coup, en employant une plus grande quantité d'eau, & à proportion plus de dissolution d'or, & plus de dissolution d'étain; mais cela seroit peut-être embarrassant pour des Artistes peu accoutumés à mesurer, ou à peser des dissolvants; il suffit d'avertir ceux qui voudront prendre ce parti, qu'il faut mettre plus de trois fois autant (en mesures) de dissolution d'étain, que de dissolution d'or.

Bleu.

LE succès de l'opération qui doit produire du Bleu, propre à être employé dans la Peinture en Porcelaine, dépend entiérement de la bonté du cobalt; on ne peut donc apporter trop de précaution pour s'en procurer de la meilleure qualité; pour cet effet il faut s'en assurer par des expériences, que l'on fait en mettant un très-petit morceau de chaque espece de cobalt que l'on veut essayer, sans être calcinés, dans de l'esprit de nitre affoibli par deux tiers d'eau; & le meilleur sera celui qui donnera une Couleur rouge à la dissolution.

Il ne faut pas cependant s'attendre que dans le premier inftant, la diffolu-tion du cobalt prenne une couleur rouge, ce ne fera qu'au bout de quelques jours que la diffolution s'éclaircira d'elle-même, & deviendra d'un beau rouge, & pour la faciliter il faudra de temps à autre la mettre fur les cendres chaudes ; quand elle fera telle qu'on la defire, on décantera la liqueur en prennant garde que ce qui eft au fond du vafe ne fe mêle point ; on verfe fur ce réfidu de l'eau, & de nouvel efprit de nitre, dans les proportions fufdites, c'eft-à-dire deux tiers d'eau fur un tiers d'eau-forte, que l'on fait digérer fur les cendres chaudes, com-me on a fait la premiere fois, pour tirer encore de la teinture rouge.

On met toutes ces teintures rouges dans une taffe de Porcelaine, & l'on y joint alors (*), fur fix gros de teinture rouge, un gros & demi de fel marin purifié ; on agite le fel avec un tuyau ou lame de verre, pour accélérer fa diffo-lution ; on laiffe enfuite repofer le tout pendant quelque-temps ; on verfe la liqueur par inclination, & on jette ce qui a pu refter au fond ; on remet enfuite la liqueur dans la taffe de Porcelaine fur des cendres très-chaudes, & s'il fe fait après quelques heures d'évaporation un peu de dépôt au fond de la taffe, il faut encore décanter la liqueur pour jetter le dépôt qui a pu fe faire.

Quand l'évaporation fera au point que la diffolution commence à s'épaiffir, il fe formera des cercles verds à la furface ; & fi le cobalt étoit d'une médiocre qualité, cette couleur verte fe communiqueroit à toute la liqueur à mefure qu'elle s'épaiffiroit ; alors il faut remuer le tout avec une lame de verre ou de cryftal, de peur que la compofition ne s'attache au fond de la taffe ; ce verd fe change bien-tôt en rouge, & le rouge en bleu.

Mais fi le cobalt eft de la meilleure qualité, tel que celui qui vient d'Ef-pagne, la couleur verte ni la rouge ne paroiffent point, & la diffolution en s'épaiffiffant paffe tout-d'un-coup à la couleur bleue la plus décidée. On conti-nue de remuer fans ceffe avec la plus grande attention, pour détacher tout ce qui tient au fond de la taffe, jufqu'à ce que la compofition paroiffe fous la forme d'un fel grainé d'un beau bleu ; alors les vapeurs nitreufes s'exhalent en grande quantité, & il eft à propos de s'en garantir en faifant l'opération fous une che-minée. On continue de tenir le fel fur le feu & de le remuer, jufqu'à ce qu'il devienne prefque fec ; car il ne faut pas le priver totalement d'humidité, c'eft-à-dire, qu'il faut l'ôter de deffus le feu, lorfqu'il n'exhalera prefque plus de va-peurs nitreufes ; il ne faut pas preffer le feu, mais au contraire le ménager avec prudence fur-tout vers la fin de l'opération, qui dure à-peu-près deux heures. On la laiffe fe refroidir fur les cendres ; & quand tout eft froid, on retire la taffe que l'on expofe à l'air libre ; le fel y prend un peu d'humidité, & une petite teinte de rouge, qui augmente chaque jour au point de le faire devenir prefque cra-moifi ; alors il faut remettre la taffe fur les cendres chaudes, le fel y repren-

(*) Ce procédé eft de M. Hellot. M. Cadet, de l'Académie des Sciences, habile Chymifte, à qui l'on doit un travail des plus intéreffants fur la nature du borax, s'eft auffi exercé fur la Porcelaine & fur la Couleur tirée du cobalt.

dra la couleur bleue dès que la chaleur s'y fera fentir. Si l'on porte la taffe
fous le nez, on s'appercevra qu'il s'exhale encore des vapeurs nitreufes. Il faut
toujours remuer le fel bleu avec la lame de verre, fans quoi il fe mettroit en
grumeaux; on le tient ainfi à une petite chaleur pendant une heure, enfuite on
l'expofe à l'air de nouveau pendant quelques jours. Il attire l'humidité, & la
couleur rouge reparoît, mais plus lentement & en moindre quantité. On
continue la même manœuvre pendant un mois ou fix femaines, en expofant le
fel alternativement fur les cendres chaudes, & enfuite à l'air froid : on s'apperçoit que les exhalaifons nitreufes diminuent à chaque fois que l'on expofe le
fel à la chaleur, & qu'à la fin on n'en fent prefque plus du tout, & que l'humidité ainfi que la couleur cramoifie reviennent plus lentement.

Par cette manœuvre réitérée, on parvient à fixer la couleur dans la bafe
du fel marin, de façon qu'elle peut foutenir l'édulcoration fans qu'elle fe
mêle avec l'eau, ce qu'elle n'auroit pu faire, fi on l'avoit édulcorée auffi-tôt après
les premieres defficcations. Pour s'affurer que ce fel eft parvenu au point defiré,
on peut effayer d'en mettre un peu, au fortir du feu, dans un petit vafe de
cryftal ou de verre, & après avoir verfé doucement de l'eau deffus, de façon
qu'elle ne furnage le fel que de trois ou quatre lignes, & l'avoir laiffé pendant une
demie heure, fi l'on voit le fel devenir rouge fans communiquer aucune couleur à l'eau, on peut être affuré que ce fel eft en état de donner la couleur bleue
fixe; mais fi l'eau fe chargeoit de la couleur rouge, il faudroit continuer l'opération précédente, c'eft-à-dire, expofer de nouveau le fel alternativement fur
les cendres chaudes, & à l'air froid, pendant quelque-temps.

Lorfqu'on s'eft affuré par l'effai dont on vient de parler, que le fel peut fupporter l'édulcoration, fans que la couleur teigne l'eau, il faudra, peu de temps
après l'avoir retiré de deffus les cendres chaudes, verfer doucement de l'eau par-
deffus, de façon qu'elle furnage le fel d'environ un pouce; un quart-d'heure
après on décante cette premiere eau pour en remettre la même quantité de nouvelle; & ainfi en réitérant, jufqu'à ce que le fel qui étoit bleu devienne rouge.

Il arrive très-fouvent qu'en faifant chauffer & fécher ce fel rouge, comme
on vient de le dire, il ne reprend que très-peu d'humidité à l'air; alors il faut
verfer fur ce fel à-peu-près la même quantité d'eau qu'on y avoit mife d'abord,
& remettre de nouvel efprit de nitre, peu-à-peu, jufqu'à ce que la diffolution
fe refaffe de nouveau; quand tout le fel eft diffous; on décante l'eau qui a re-
pris la couleur rouge; on jette ce qui s'eft dépofé au fond, & l'on recommence
l'évaporation, & à mettre le fel en grain comme on a fait ci-devant, en obfervant que ce fel qui devient bleu, ait encore paffablement d'humidité lorfqu'on
le retire du feu.

Ce fel devient rouge auffi-tôt qu'il eft refroidi. Vingt-quatre heures après, on
remet la taffe de Porcelaine qui le contient fur les cendres très-chaudes; alors
ce fel devient bleu à mefure qu'il fent la chaleur : on prend garde qu'il ne

s'attache au fond de la tasse ; on prévient cet inconvénient en le remuant, avec une lame de verre à mesure qu'on le fait chauffer. On continue à remettre ce sel sur le feu à différentes reprises, comme on a fait la premiere fois ; enfin on procede en tout de même, & après en avoir fait l'essai comme il a été dit, & que l'eau ne le teint plus en rouge, on fait sécher la couleur sur les cendres chaudes, ensuite on la met sur un tesson de Porcelaine ou sur un test à rôtir, le plus mince qu'il est possible ; on place le tesson au milieu des charbons ardents, de façon que les charbons soient autour sans le toucher, mais plus élevés que le tesson sur lequel la couleur est placée ; dans le moment la couleur rouge se change en une belle couleur bleue, qui ne devient plus rouge, à moins qu'on ne la garde long-temps ; & alors on lui rend la couleur bleue, en l'exposant de nouveau au milieu des charbons ardents, comme on a déja fait. Cette couleur employée sur la Porcelaine ou sur l'Email avec trois fois son poids du fondant général, fait un très-beau bleu bien fondant, & fort facile à employer.

On ne peut pas dissimuler que ce bleu ne perde beaucoup de l'intensité de sa couleur, lorsqu'on le broye sur l'agate avec le fondant & de l'eau, comme on a coutume de faire aux autres Couleurs ; mais on peut remédier à cet inconvénient, en faisant dissoudre dans un peu d'eau de l'indigo ou du bleu de Prusse, & en secouant quelques gouttes de cette eau bleue avec le bout du doigt sur la couleur mêlée avec le fondant, afin de broyer tout ensemble ; alors la couleur paroîtra en l'employant d'un bleu aussi fort & approchant de celui qu'elle acquerra dans le feu : ces bleus qu'on ajoute à l'eau se brûlent dans le feu, & ne font aucun tort au fond de la couleur bleue du cobalt, parce qu'ils sont dissipés par le feu, avant que le cobalt & le fondant soient en fonte. Il y a encore un autre moyen de donner un grand éclat à ces bleus, c'est de mettre avec le fondant & le cobalt, partie égale ou même deux fois autant que l'on a mis de cobalt, d'un très-beau bleu d'azur, que l'on vend à Paris sous le nom de *Bleu d'argent*, quoiqu'il n'en soit pas tiré, & que ce ne soit qu'une préparation de cobalt faite avec plus d'étain ; cet azur se vend un écu le gros ; il faut seulement avoir attention d'ajouter un poids égal de fondant au poids que l'on a mis de cet azur, indépendamment des trois parties de fondant que l'on a déja mises avec le cobalt : ce mélange présente à l'emploi une couleur bleue suffisante pour pouvoir juger de celle qu'elle acquiert au feu ; ils font très-bien à tous les feux, & font sur la Porcelaine ou sur l'Email, un bleu aussi brillant que le plus bel outremer. Si l'on apperçoit que le bleu de cobalt vienne à rougir en le gardant, c'est une preuve qu'il contient encore trop d'acide nitreux ; dans ce cas, il faut le remettre dans l'eau, comme on a déja fait, & après l'avoir lavé deux ou trois fois dans différentes eaux, on le fait sécher & on l'expose de nouveau sur un tesson au milieu des charbons ardents.

Toute cette opération est longue & ennuyeuse ; mais elle est indispensable, pour pouvoir tirer du cobalt la couleur qui est si belle & si fine quand elle est

entrée

entrée en vitrification; mais qui eſt en même-temps ſi volatile, qu'il eſt facile de la perdre avant qu'elle ſoit en fuſion : lorſqu'on vitrifie du cobalt , on n'a quelquefois que du noir au lieu du bleu que l'on deſire. (*)

La Couleur Jaune.

O n prend trois parties de plomb qu'on expoſe dans une capſule de fer à un grand feu de charbon ; & lorſqu'il ſera fondu , on y ajoutera une partie d'étain ; qui ſe réduit à la ſurface du plomb , en une poudre jaune qu'on retire à meſure qu'elle ſe forme : enſuite , il faudra faire réverbérer cette poudre jaune qui n'eſt qu'une chaux d'étain ; après cela on la mêlera & triturera avec du ſel marin bien pur , & on l'expoſera au feu ſous une mouffle, comme on a fait pour les ſafrans de Mars ; & après l'avoir traité de la même maniere que ces ſafrans , on pourra la joindre avec le fondant général , & s'en ſervir pour peindre ſur l'Email & la Porcelaine.

Autre Maniere.

O n prend un creuſet que l'on met au milieu des charbons ardents , & lorſqu'il eſt chaud , on y jette deux parties de nitre ; & quand ce ſel eſt bien fondu, on y joint quatre parties d'étain ; enſuite on anime le feu avec un ſoufflet , & il réſulte une chaux jaunâtre que l'on fait réverbérer , & qu'il faut laver enſuite dans un grand nombre d'eaux pour l'édulcorer ; après quoi on la mêle avec le fondant , & on s'en ſert pour peindre.

Autre Jaune.

I l faut prendre le plus beau jaune de Naples , que l'on trouve tout préparé chez les Marchands de Couleur, & le mêler & triturer avec le double de ſon poids de ſel marin purifié , & l'expoſer à un feu de charbon , de la même maniere que les ſafrans de Mars , c'eſt-à-dire , pendant deux heures , & donner un grand feu ſur la fin de l'opération ; enſuite il faut l'édulcorer par un grand nombre de lotions , & le faire ſécher pour le mêler avec le fondant.

« Le Jaune de Naples , ſelon M. de Montamy , eſt une eſpece de minéral , » qu'on tire de la terre aux environs de Naples ; cette eſpece de pierre , dit-il , » dont il y en a de jaune plus ou moins foncé, eſt très-poreuſe , & paroît être » compoſée de grains de ſable jaune foiblement liés les uns avec les autres , » puiſqu'on les écraſe facilement avec le pilon : cette matiere ne change point » au feu , & ne fait point d'efferveſcence avec les acides ; il y a apparence qu'elle » doit être produite par quelque volcan. (**) »

(*) Henkel *Flora Saturnis.* Traduction Françoiſe , *page* 506.

(**) Voyez les Mémoires ſur différents ſujets, par M. de Montamy , *page* 260.

M. de Montamy s'eft trompé fur la nature de cette fubftance, qui eft un produit de l'art. M. de Fougeroux, de l'Académie des Sciences, en a publié la compofition, que j'ai rapportée dans ce Mémoire, *page 35.*

Couleur Jaune-Citron ; *procédé tiré des Mémoires de l'Académie de Berlin, trouvés par M. Margraf.*

On fait diffoudre une demi-once d'argent fin de coupelle, le plus pur & le plus dépouillé de cuivre qu'il eft poffible, dans une fuffifante quantité de nitre très-pur, jufqu'au point de faturation ; enfuite on diffout dans quatre onces d'eau diftillée, une once de fel d'urine, qui fait la bafe du phofphore ; on fait tomber cette diffolution goutte par goutte dans l'efprit de nitre, contenant l'argent diffous, qu'il faut étendre dans quatre parties d'eau ; on continue à laiffer tomber la diffolution de fel d'urine, jufqu'à ce qu'il ne fe précipite plus rien ; par ce moyen on obtient un précipité de la plus belle couleur de citron, qu'il faut enfuite traiter avec le fel marin, & édulcorer comme il a été dit ci-devant.

Maniere d'obtenir le Sel d'urine néceffaire à l'opération précédente.

Il faut amaffer une grande quantité d'urine de perfonnes faines ; on l'expofera à une chaleur modérée pour la faire putréfier ; enfuite on la fera bouillir lentement dans des vafes de terre verniffés, jufqu'à ce que l'urine prenne la confiftance de firop ; on les portera dans un lieu frais pour faciliter la cryftallifation : au bout d'un mois, & même plutôt, on aura des cryftaux que l'on diffoudra dans de l'eau chaude diftillée ; on filtrera la diffolution toute chaude par le papier gris, & l'on fera évaporer & recryftallifer comme ci-devant, en répétant cette opération, jufqu'à ce que les cryftaux foient parfaitement blancs, & fans aucune odeur : 120 pintes d'urine donnent à-peu-près trois ou quatre onces de fel.

Extrait des Regiſtres de l'Académie Royale des Sciences.
Du 27 Novembre 1771.

Nous avons examiné par ordre de l'Académie, MM. de Laſſone, Macquer & moi, le Mémoire de M. le Comte de Milly, ſur les Couleurs pour la Peinture en Porcelaine : cet Ouvrage eſt deſtiné à ſervir de ſuite au Mémoire ſur la maniere de préparer la Porcelaine de Saxe, dont nous avons rendu compte à l'Académie le 20 Février de cette année.

Dans ce dernier Mémoire, M. le Comte de Milly donne la maniere de préparer les principales Couleurs, décrit les fondants qu'on emploie en Saxe, & qui ſervent à donner de la liaiſon & de l'éclat aux différentes chaux métalliques ; enſuite il parle des véhicules qui ſervent à les appliquer à la ſurface de la Porcelaine.

L'huile eſſentielle de térébenthine, ſuivant l'Auteur de ce Mémoire, eſt le véhicule auquel on doit donner la préférence ; mais comme cette huile éthérée eſt très-fluide, M. le Comte de Milly preſcrit, pour lui donner la conſiſtence convenable, de la diſtiller au bain-marie ; par cette diſtillation, on en retire l'huile la plus fluide, celle qui reſte dans la cucurbite s'eſt épaiſſie, & eſt propre à être employée pour ſervir de mordant ; ſi elle étoit trop épaiſſe, on lui rendroit la fluidité néceſſaire en y mêlant de l'huile éthérée : ce procédé nous paroît préférable à l'épaiſſiſſement ſpontanée de l'huile eſſentielle de térébenthine expoſée à l'air.

Le fondant eſt compoſé de borax calciné, de nitre & de verre blanc, dans la compoſition duquel on s'eſt aſſuré qu'il n'eſt point entré de plomb : M. de Milly dit qu'on ne peut point preſcrire la quantité de fondant qu'on doit employer, qu'elle dépend de la nature des Couleurs, & qu'il faut les eſſayer & en tenir regiſtre pour l'employer enſuite avec ſuccès.

M. de Milly décrit différentes manieres de diviſer l'or qu'on peut appliquer ſur la Porcelaine ; 1°. l'amalgame ; 2o. la précipitation de l'or diſſous dans l'eau régale faite ſans ſel ammoniac par l'alkali fixe ; 3o. la diviſion de l'or en feuille par le moyen de la trituration avec du ſucre candi.

Enſuite il donne la maniere de préparer les Couleurs primitives, le rouge, le bleu, & le jaune, qui par leur mélange donnent naiſſance aux autres Couleurs.

M. de Milly prépare les Couleurs pourpres, le violet & le brun foncé que les Allemans nomment *Ferné*, avec de l'or diſſous dans de l'eau régale & de l'argent diſſous dans de l'acide nitreux ; il dit que la Couleur de ces précipités varie ſuivant la quantité d'étain qu'on a mis dedans pour les obtenir : on ne fait point entrer d'argent dans la préparation du ferné.

On trouve dans le même Mémoire un moyen de préparer un beau rouge avec le fer; pour le fixer, il suffit d'avoir eu soin de le calciner avec deux parties de sel marin.

Pour préparer la Couleur noire, M. le Comte de Milly emploie parties égales de cobalt, de cuivre sulphuré & de terre d'ombre. Le brun se fait avec de la terre d'ombre, & le verd avec du cuivre. Telles sont les Couleurs que M. le Comte de Milly a décrites; il prépare son Jaune comme M. de Fougeroux, qui a rendu publique cette préparation.

M. de Milly parle ensuite de la maniere de broyer les Couleurs avec le fondant, & de l'usage des Inventaires, qui sont des morceaux de Porcelaine blanche, sur lesquels on essaie les Couleurs pour déterminer leur ton.

M. le Comte de Milly termine ce second Mémoire par les descriptions des moufles & du fourneau où l'on doit parfondre les Couleurs qu'on a appliquées sur la Porcelaine.

Nous avons trouvé dans cet Ouvrage, le même ordre, la même précision & la même exactitude que dans le premier Mémoire; il nous paroît digne d'être pareillement imprimé parmi ceux des Savants Etrangers. *Signés*, MACQUER, LASSONE, & SAGE.

J E certifie le présent Extrait conforme à son original, & au jugement de l'Académie; à Paris le 28 Novembre 1771.

Signé, GRANDJEAN DE FOUCHY,

Secrétaire perpétuel de l'Académie Royale des Sciences.

EXPLICATION

EXPLICATION DES FIGURES

DE L'ART

DE LA PORCELAINE.

L E bas-relief du Frontifpice, repréfente plufieurs petits Amours occupés aux différents travaux préparatoires de la Porcelaine. A la gauche du Spectateur, eft un vaiffeau à laver les terres, & un Amour qui en foutire la terre à Porcelaine délayée dans l'eau. La feconde Figure fait voir le travail de celui qui forme les vafes fur le Tour à Potier. La troifieme Figure, eft un petit Amour qui caffe les cailloux avec la maffue. La quatrieme Figure, eft un autre Amour qui pulvérife les terres dans un Mortier à meule. La cinquieme & la fixieme Figure, font deux Amours qui arrangent le bois de faule pour chauffer le Fourneau à Porce-laine, qui eft repréfenté à la droite du Spectateur.

PLANCHE PREMIERE.

L A Planche premiere repréfente les différents travaux préparatoires pour mettre la Porcelaine en état d'être mife au Four.

La *Figure* 1 repréfente un Ouvrier occupé à rompre les cailloux avec une maffe de fer, pour les faire calciner fur un gril de fer, *Fig.* 4.

La *Figure* 2 eft un Mortier de pierre dure, pour broyer les cailloux après qu'ils ont été calcinés à blancheur.

La *Figure* 3 repréfente la Tamifation des terres.

La *Figure* 4 eft un grand Gril de fer chargé des cailloux qu'on calcine à un violent feu de charbon.

La *Figure* 5 eft l'Attelier où le travail du Potier s'exécute.

La *Figure* 6 eft le Fourneau de Porcelaine allumé, & un Ouvrier qui conduit le feu.

La *Figure* 7 repréfente la Foffe où l'on délaye les terres.

La *Figure* 8 eft un Ouvrier occupé à plaquer contre un mur des morceaux de terre toute préparée, pour la faire fécher & pouvoir enfuite la conferver jufqu'au moment d'en former la pâte ; alors on délaye ces efpeces de gâteaux dans de l'eau de pluie, & on les laiffe en macération pendant le temps néceffaire, avant d'en former les vafes.

EXPLICATION

PLANCHE DEUXIEME.

Figure 1 , Coupe du Fourneau.

AAAA , Maffif du Fourneau en briques communes.

BBBB , Partie de Maçonnerie en briques de Porcelaine , pour réfifter à l'action du feu.

C , Cheminée.

DDD , Enveloppe en maçonnerie faite avec des briques communes , pour cacher les proportions du Fourneau aux Curieux.

EE , Intérieur du Fourneau , nommé *Laboratoire.*

f , Ouverture pour l'entrée de la flamme.

G , Foyer où l'on met l'aliment du feu.

H , La Grille en briques de Porcelaine.

J , Repaire fait avec une brique de Porcelaine , deftiné à foutenir les bûches de chauffage , & une porte de fer.

K , Le Cendrier.

L , Voûte du Cendrier.

M , Pallier ou plate-forme où fe tient celui qui dirige le feu.

N , Ouverture latérale pour entrer dans le Laboraroire , & y placer les pieces de Porcelaine.

O , Porte du Cendrier.

Figure 2 , Coupe du Foyer & du Cendrier.

a a a , Voûte du Fourneau en briques de Porcelaine.

b , Œil du Fourneau pour obferver l'intérieur.

C , Cheminée.

DDDD , Enveloppe en maçonnerie.

fff , Ouverture pour l'entrée de la flamme.

HHH , Grille du Foyer en briques de Porcelaine.

J, Repaire pour foutenir la porte du Foyer & la bûche de chauffage.

K , Cendrier.

Figure 3 , Plan du Fourneau.

a a a a , Epaiffeur des murs.

ffff , Ouverture pour l'entrée de la flamme.

HHHH , Grille en briques de Porcelaine.

N , Ouverture latérale pour entrer dans le Laboratoire.

O , Porte du Cendrier.

Figure 4 , Cheminée.

P , Partie inférieure de la Cheminée.

Q , Partie fupérieure comprife dans l'épaiffeur de la voûte du Fourneau.

Figure 5 , Plan de la Cheminée.

r r, Ouverture inférieure.

s, Ouverture supérieure.

Figure 6, Fourneau de Fayancier pour cuire la Porcelaine en bifcuit.

a, Foyer du Fourneau, qui n'a point de cendrier.

b, Trou par où la flamme entre du Foyer dans le Laboratoire.

c, Porte du Fourneau très-étroite, mais affez grande pour qu'un homme puiffe y paffer pour charger le Fourneau des pieces que l'on veut cuire.

d, Ouverture du Foyer, par laquelle on met l'aliment du feu, & par où l'on retire les cendres. On ferme cette ouverture d'une porte de fer, où il y a une ventoufe, qui eft une petite ouverture pour le paffage de l'air.

e, Place nommée par les Ouvriers *cornes extérieures du Four*.

f, Partie fupérieure du Fourneau, où il y a des trous qui répondent exacte-ment en ligne perpendiculaire à ceux de la partie inférieure *b*, lefquels font numérotés.

(*Nota.*) La Figure de ce Fourneau n'eft deffinée fur aucune Echelle ; elle n'eft que pour en donner une idée : en voici les proportions. 10 pieds de long fur 7 pieds de large, & 9 pieds de haut ; la voûte inférieure eft de 3 pieds & demi de haut ; la porte ne doit être que de la largeur de trois briques, c'eft-à-dire, à-peu-près 20 pouces, pour pouvoir y entrer de côté.

Figure 7, Gafettes lutées avec de la terre à Potier.

Figure 8, Capfules de terre cuite pour mettre l'argille lavée.

Figure 9, Gafette avec un fond.

Figure 10, Plateaux pour fervir de couvercle ou de fond à une Gafette.

a, Trou pour laiffer paffer la chaleur & l'humidité pendant la cuite des vafes.

Figure 11, Mouffle où l'on met les pieces de Porcelaine lorfqu'elles font peintes, pour fondre les Couleurs.

a, Petite Cheminée pour le paffage de la vapeur.

b, Canal pour voir ce qui fe paffe dans la Mouffle.

Figure 13, Fourneau de torréfaction, qui fert pour griller les cailloux, & pour faire fondre les Couleurs.

a a a, Différentes Cafes pour placer les Mouffles.

b b b, Grille de fer pour foutenir les Mouffles.

c c c, Plateaux de fer fur lefquels on met le charbon, & qui fe meuvent dans des couliffes par la raifon qui eft expliquée dans le Traité de la Peinture en Porcelaine, qui fait le fujet du fecond Mémoire.

Figure 14, Bruniffoir de fanguine ou d'agate, pour brunir l'or.

Figure 15, Inftrument qui fert au Potier-Tourneur, pour prendre la mefure en hauteur des différents vafes.

d, eft un Plateau de bois plombé qui fert de bafe.

c, eft la Tige cylindrique qui paffe dans la virole *e*.

e, eft une Virole qui coule le long de la tige *c*.

a, eft une Vis en bois pour fixer la virole *e* à la hauteur qu'on defire.

b, eft une Traverfe de baleine qui fait l'équerre double, & qui eft mobile par le moyen de la virole *e*, dans laquelle elle eft fixée.

Figure 16, eft un Inftrument d'acier, tranchant dans fes extrémités, qui font courbées en angles droits. Cet inftrument fert au Tourneur pour tournaffer les pieces de Porcelaine quand elles font féchées à demi.

Les Figures 17, 18, 19, 20, 21, 22 & 23, font des Inftruments de bois durs, aiguifés en bifeau à leur extrémité, qui fervent au Potier-Tourneur pour donner la forme à la pâte qui eft fur le Tour, *Fig.* 3, *Pl. III.*

Figure 24, Couvercle de tôle épaiffe, qui fert à fermer l'ouverture fupérieure du Foyer *G*, lequel couvercle pofe fur les deux repaires marqués *i*, *Fig.* 1, *Pl. II.*

Figure 25, Vafe de verre cylindrique, qui fert à faire le précipité de Caffius. Voyez le Mémoire fur les Couleurs.

P L A N C H E   T R O I S I E M E.

Figure 1, Fourneau pour la Porcelaine vu de côté.

Figure 2, Le même Fourneau vu en face.

Figure 3, Tour pour former les vafes de Porcelaine.

a, Plateau de bois à l'extrémité de l'axe, fur lequel on met la pâte dont on veut former les vafes.

b, Grande Roue de bois qui fert à mettre en mouvement la petite roue ou le plateau fupérieur *a* : cette grande Roue fe meut avec le pied.

d, eft une Planche fur laquelle le Tourneur pofe les vafes qu'il vient de finir.

c, eft une Planche pofée obliquement, contre laquelle le Tourneur s'appuie.

e, Autre Planche où l'on pofe la pâte avant qu'on la mette fur le plateau *a*.

f, eft une efpece de Regle de bois, aiguifée en bifeau dans la partie fupé-rieure, fur laquelle le Tourneur racle fes mains pour en ôter la terre qui s'y eft attachée.

G, eft une Planche épaiffe & très-folide, dans laquelle paffe l'axe des deux roues *a* & *b*, & fur laquelle on pofe la terre préparée pour former les vafes.

P L A N C H E   Q U A T R I E M E.

Figure 1, *A B C D E F G*, Cage de bois féparée en deux par un plancher *H I K* ; la partie fupérieure contient une roue dentée *N*, dont les dents engrainent dans la lanterne *M*, *Fig.* 6 : on fait aller cette roue par la manivelle *L*, fixée à une des extrémités de fon axe. L'effieu qui traverfe la lanterne *M*, & qui eft pofé verticalement, s'attache au pilon après avoir traverfé le plancher *H I K*. La partie fupérieure du même effieu, eft chargée d'un poids de plomb *O*, dont la fonction eft d'affujettir le pilon *Q*, contre le fond concave du mortier, pour faciliter la molination. La Figure 5 repréfente ce pilon qui eft de deux

morceaux

morceaux affujettis enfemble; x, trou quarré dans lequel entre la partie 4, de l'axe de la lanterne *M*, *Fig. 6*; 5, portion de la partie fupérieure du même axe.

Figure 2, Machine à triturer, de l'invention de Kunckel; c'eft une boîte dont on a fupprimé les planches antérieures pour qu'on pût voir le dedans de la machine; *A B D*, un des longs côtés de la boîte, fur lequel font fixées horifontalement plufieurs barres de bois *E F*, entre lefquelles, & celles de la partie oppofée, peut couler une planche *L*, *Fig.* 7 & *Fig.* 8. La Figure 8 eft le deffus de cette planche, au milieu de laquelle eft un difque de bois *r*, au centre duquel s'éleve une cheville; c'eft fur cette cheville qu'on monte la poulie *G*, *Fig.* 2, à qui elle fert d'axe: on fait mouvoir cette poulie par le bouton *H*, qui y eft fixé, au moyen d'une corde à la maniere des Gagne-petits; cette corde n'eft point repréfentée dans la Figure. A l'autre extrémité de la boîte, font quatre barres *M N*, dont on en voit deux, les deux autres font fuppofées dans la planche antérieure: c'eft entre ces barres que coule le chaffis *P Q*, qui eft traverfé par l'axe du pilon *R*. Cet axe porte une petite poulie *O*, fur laquelle ainfi que fur la grande poulie *G*, paffe une corde fans fin *V*, qui fait tourner le pilon dans le mortier *S*; mais comme il pourroit arriver que la corde *V* ne fût pas fuffifamment tendue, on éloigne ou on approche la grande poulie *G*, de la petite poulie *O*, par le moyen de la vis *I*, que l'on fait tourner par la manivelle *K*. Cette méchanique fe voit clairement dans la *Fig.* 7, qui repréfente le porte-poulie *L*, vu en deffous; *I*, *i*, eft la vis; *T*, l'écrou.

Figure 3 repréfente une troifieme Machine à triturer. *A*, eft un mortier dans lequel tourne la meule *B*, qu'on fait mouvoir par la manivelle *C*.

Figure 4 eft une Machine propre à laver les terres; on les délaye dans de l'eau; on les laiffe enfuite repofer un inftant, pour donner le temps aux particules les plus groffieres de fe précipiter au fond du vafe; & on foutire, par les robinets *Z*, la liqueur chargée des parties les plus fines de la matiere qu'on veut laver.

ZZ, font des Robinets à 6 pouces les uns des autres.

PLANCHE CINQUIEME.

La *Figure* x repréfente le travail qui fe fait fur le Tour du Lapidaire, pour ôter les grains de fable qui fe font attachés au cul des vafes pendant la cuite de la Porcelaine.

Figure 2, Tour du Lapidaire vu en perfpective.

a, eft la Table de bois de chêne bien folide & attachée au plancher; cette Table eft divifée en deux parties *a* & *b*, par le diaphragme *q*.

c, eft une Roue de fer qui eft mife en mouvement par la grande Roue *r*,

Fig. 3, qui fe meut elle-même par la manivelle *S*, *Fig.* 2 & *Fig.* 3.

d, eft une Piece de bois dur un peu conique, qui entre à vis dans la piece de fer en potence *m*; cette piece de bois renferme dans la partie inférieure, un morceau de cuivre un peu creux, pour recevoir le fommet de l'axe de fer *i*, de la Roue de métal *c*, dont le bout inférieur pofe fur la traverfe *h*, au point *h*, où il y a un morceau de cuivre nommé *crapaud*. Ce crapaud eft pour faciliter la rotation de la Roue *c*.

e, eft une Piece de bois enfilée dans une verge de fer fixée à la table, pour foutenir la main de l'Ouvrier.

f, eft une Virole de bois, qui tient à la manivelle *S*.

g, Mortaifes où fe meut la traverfe *h*; cette traverfe fe fixe à la hauteur qu'on defire, par le moyen de deux chevilles de fer *K*.

K, eft une de ces chevilles; l'autre n'eft pas exprimée; mais il eft aifé de voir où elle doit être.

l, Axe de fer de la Roue *r*, *Fig.* 3, qui pofe fur la traverfe *n* au point *A*.

m, Piece de fer fixée à la table & coudée en *m*, qui a un écrou en *u*, *Fig.* 3, pour recevoir la piece conique *d*, qui a une vis en *t*, *Fig.* 3, dont l'ufage eft de recevoir le fommet de l'axe de la petite Roue de métal *e*; la partie inférieure de cet axe eft chargée d'une poulie *x*, *Fig.* 3, fur laquelle fe dévuide la corde *y*, *Fig.* 3: cette poulie eft fixée à l'axe par un anneau de bois *Z*, *Fig.* 3, qui tient par vis à l'effieu *i*.

n, Grande Traverfe de bois.

o o o o, Pieds de la Table.

p p, Traverfe affemblée à tenons dans les pieds de la Table.

q, Diaphragme de bois qui divife la Table en deux parties.

Figure 3, *r*, Grande Roue de bois autour de laquelle eft une rainure ou poulie pour recevoir la corde de boyau *y*, pour communiquer le mouvement à la petite Roue *c*.

s, Manivelle de fer.

Figure 4, Gafette vue en perfpective.

Figure 5, Coupe de la même Gafette, où l'on voit l'arrangement des pieces de Porcelaine foutenues par des chevilles de Porcelaine.

Figure 6, font ces mêmes Chevilles faites avec de la terre à Porcelaine.

PLANCHE SIXIEME.

Figure 1, *A*, Plan d'un Four nouveau pour cuire la Porcelaine, dont l'intérieur a 14 pieds 8 pouces de hauteur, fur 8 pieds 3 pouces de diametre, & dont les murs ont 21 pouces d'épaiffeur.

BBBB, Quatre Gorges diamétralement oppofées, dont les lignes collatérales tendent au centre. Leur ufage eft de donner paſſage à l'air néceſſaire pour animer le feu des quatre Foyers *C*, qui chauffent le Fourneau par quatre endroits en même temps, afin de produire une chaleur plus forte par la réunion de la flamme en un centre commun.

CCCC, Quatre Foyers qui ont chacun un pied de profondeur au-deſſous du fol.

DDDD, Quatre Ouvertures d'un pied & demi de hauteur, ſur un pied 10 pouces de largeur, où on allume le feu, qu'on entretient avec du bois debout pendant quelques heures avant de le tranſporter au-deſſus de la gorge, où les bûches ſe placent en travers : ces ouvertures *D* ſe ferment avec une plaque de fer de même grandeur. Le mur des gorges a 3 pieds 4 pouces de hauteur, ſur un pied d'épaiſſeur.

E, Porte élevée de 3 pieds au-deſſus du fol, de 2 pieds de largeur, ſur 5 pieds 10 pouces de hauteur : cette porte ſert pour introduire les Gaſettes dans l'intérieur du Fourneau.

Figure 2, ffff, Plan du Bâtiment dans lequel eft conſtruit le Fourneau.

Figure 3, Coupe du Bâtiment, faite ſur la ligne *PQ* du plan *A*, *Fig.* 1.

PLANCHE SEPTIEME.

Figure 1, Elévation en perſpective du nouveau Four à cuire la Porcelaine.

Figure 2, Coupe géométrale de ce Fourneau, priſe ſur la ligne *MN* du plan *A*, *Fig.* 1, *Pl. VI.*

E, La même Porte, dont l'explication eft à la Planche *VI*, *Fig.* 1.

F, Trois Trous quarrés pour placer les Montres, diamétralement oppoſés, pratiqués au milieu de l'eſpace qui eft entre les gorges *B*, à 4 pieds 8 pouces au-deſſus du fol.

G, Cheminée au milieu de la voûte, d'une forme conique, d'un pied 6 pouces de diametre à l'ouverture inférieure, & d'un pied à la ſupérieure.

Figure 2, *HH*, Soupiraux placés au-deſſus des trous *F*, dont la coupe eft marquée *AA*, *Fig.* 3.

I, Plateau rond de fer, ſoutenu par quatre piliers de même métal.

L, La Coupe géométrale priſe ſur la ligne *MN*, *Fig.* 1, *Pl. VI.*

Figure 3, Coupe des Soupiraux *HH*.

PLANCHE HUITIEME.

La Planche VIII repréſente l'Attelier où s'exécutent les travaux des Peintres, des Sculpteurs & des Modeleurs.

La *Figure* 1 repréſente le Fourneau & la Mouffle où l'on fait fondre les Couleurs ſur la Porcelaine (*).

La *Figure* 2 eſt l'Attelier des Sculpteurs.

La *Figure* 3 repréſente un Ouvrier qui broie les Couleurs, & un autre qui les tamiſe.

La *Figure* 4 eſt le travail des Peintres : on y voit trois Artiſtes occupés à peindre différents vaſes de Porcelaine.

(*) Ce Fourneau a été placé par le Graveur très-mal à propos ſur une table dans la Planche VIII : il doit être bâti en briques liées avec de la terre à four. Les murs doivent partir du ſol & s'élever juſqu'à la hauteur preſcrite dans le Mémoire ſur les Couleurs, *page 38*, où l'on trouvera la deſcription de ce Fourneau, ainſi que ſes proportions.

FIN DE L'EXPLICATION DES FIGURES.

DE L'IMPRIMERIE DE L. F. DELATOUR. 1772.

Fautes essentielles à corriger.

Avant-Propos, *page xxxj, ligne 20*, Fig. 1, Pl. V : *lisez*, Fig. 1, Pl. VI.

Page xxxij, ligne 23, Fig. 3, Pl. VI : *lisez*, Fig. 2, Pl. VII.

Idem, ligne 27, les quatre gorges C, Figure 2, Pl. VI : *lisez*, les quatre gorges B, Figure 2 Planche VII.

Mémoire sur la Porcelaine, page 5, ligne 22, fermé avec des douves : *lisez*, formé avec des douves.

Page 31, ligne 26, Fig. 25, Pl. I : *lisez*, Fig. 25, Pl. II.

Page 34, ligne 32, mêlée avec fondant quelconque : *lisez*, mêlée avec un fondant quelconque.

Page 59, ligne 32, Fig. 3, coupe des soupiraux, H H : *lisez*, Fig. 3, AA, coupe des soupiraux H H.

A la Planche IV, Fig. 3, le Graveur a oublié de marquer la lettre C au bout de la manivelle.

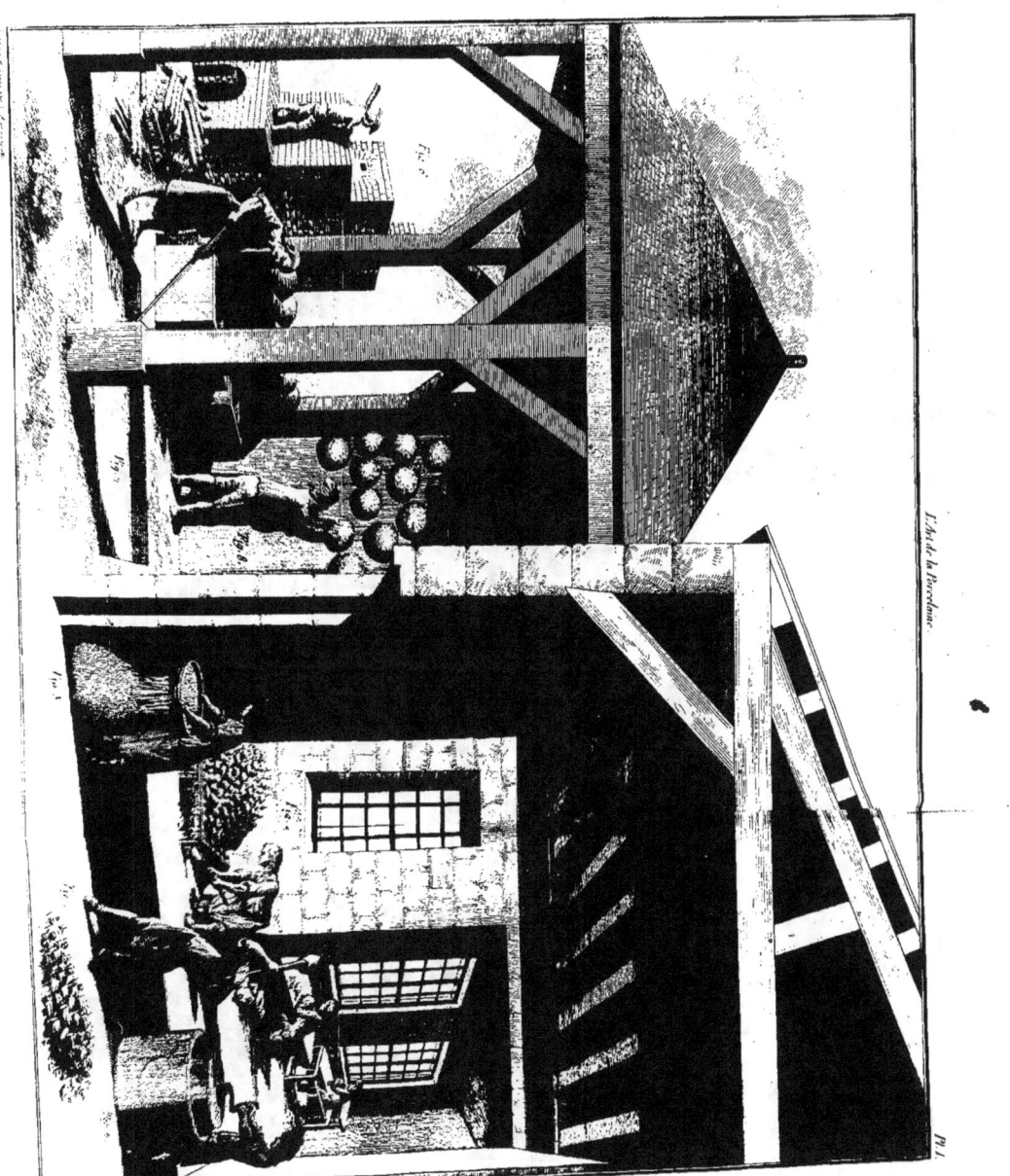

L'Art de la Porcelaine.

Pl. 1.

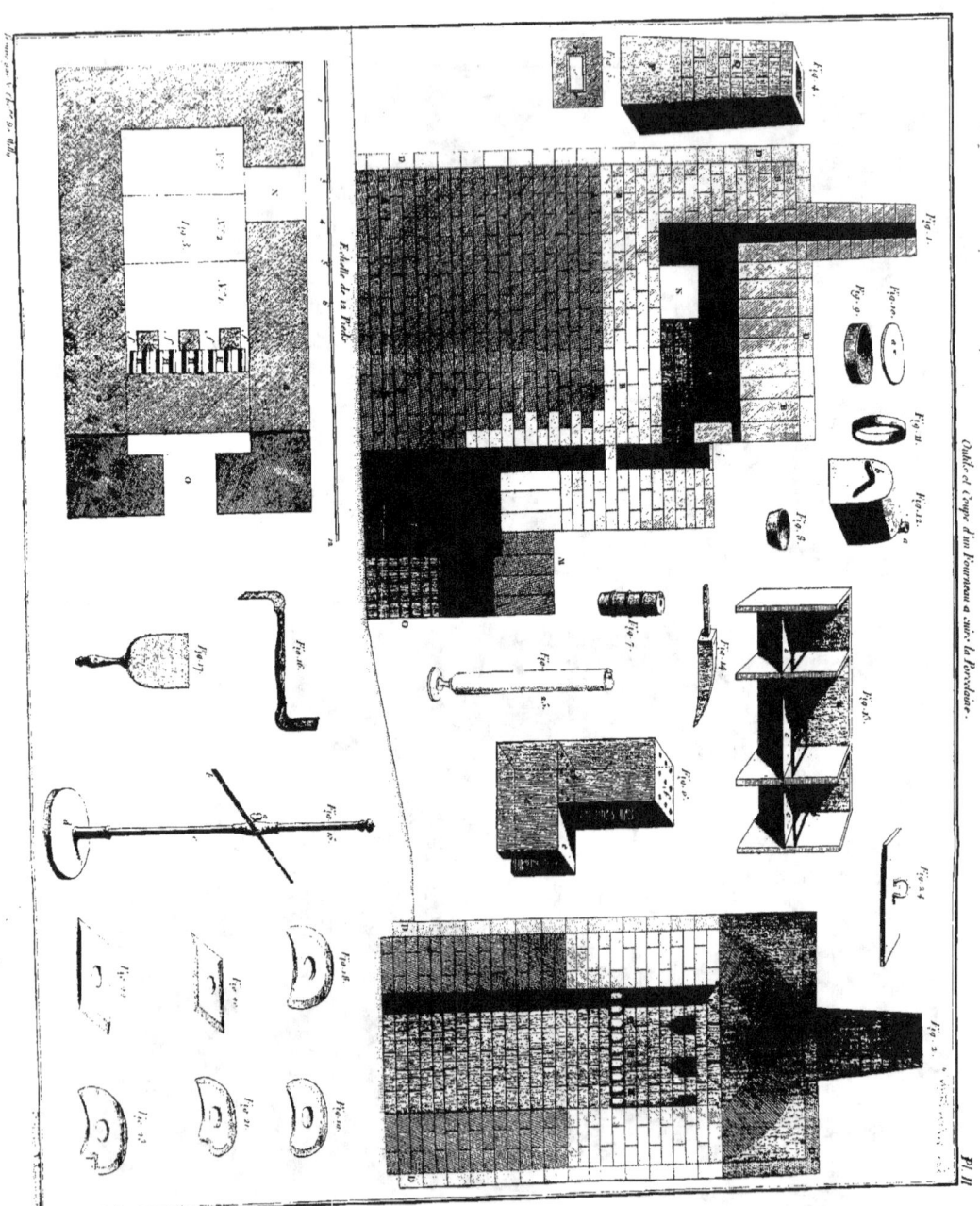

Outil et Coupe d'un fourneau à cuire la Porcelaine.

Pl. II

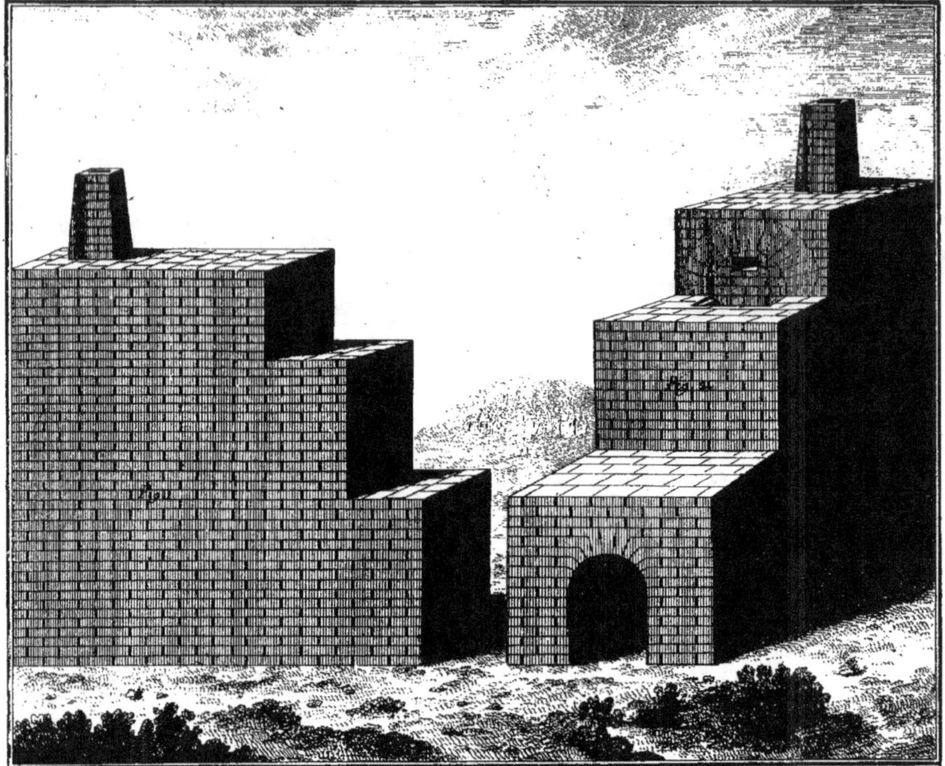

Tour pour former les Vases de Porcelaine.

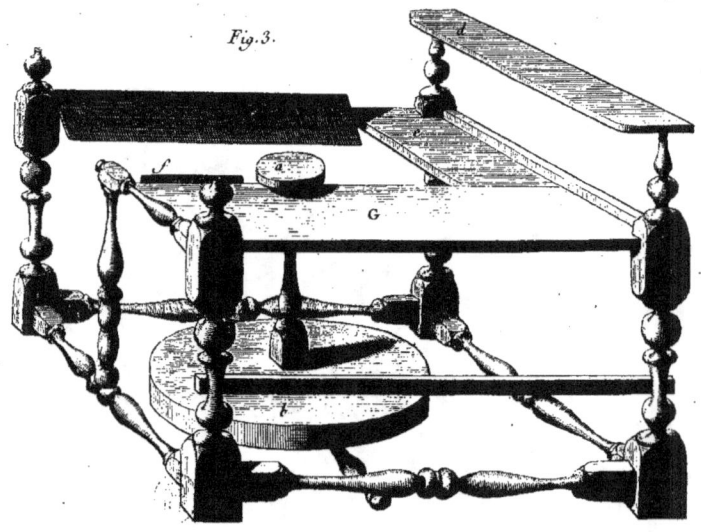

Fig. 3.

Donné par N. Chr.ᵉⁿ De Milly.   *Dessiné et Gravé par N. Ransonnette.*

Pl. IV.

Fig. 4.

Fig. 1.

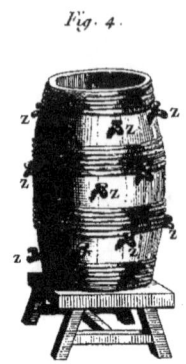

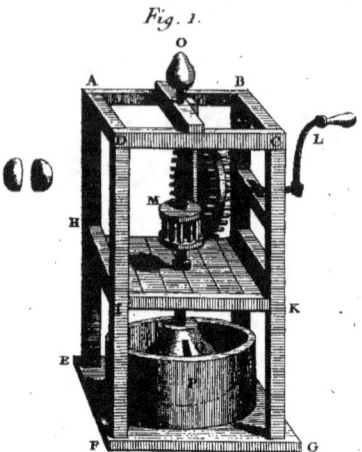

Fig. 2.

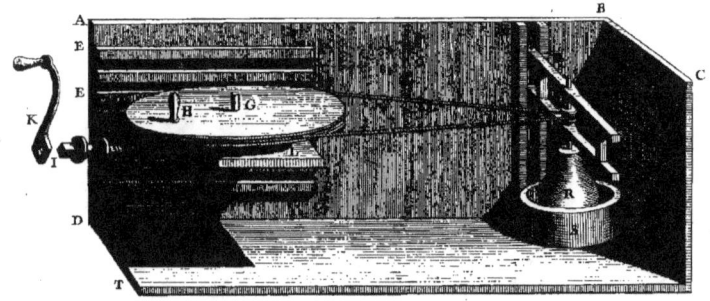

Fig. 6.

Fig. 5.

Fig. 3.

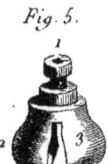

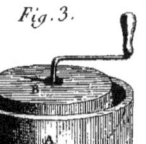

Fig. 8.

Fig. 7.

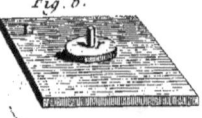

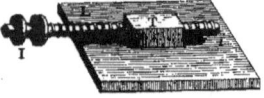

Dessiné et Gravé par N. Ransonnette.

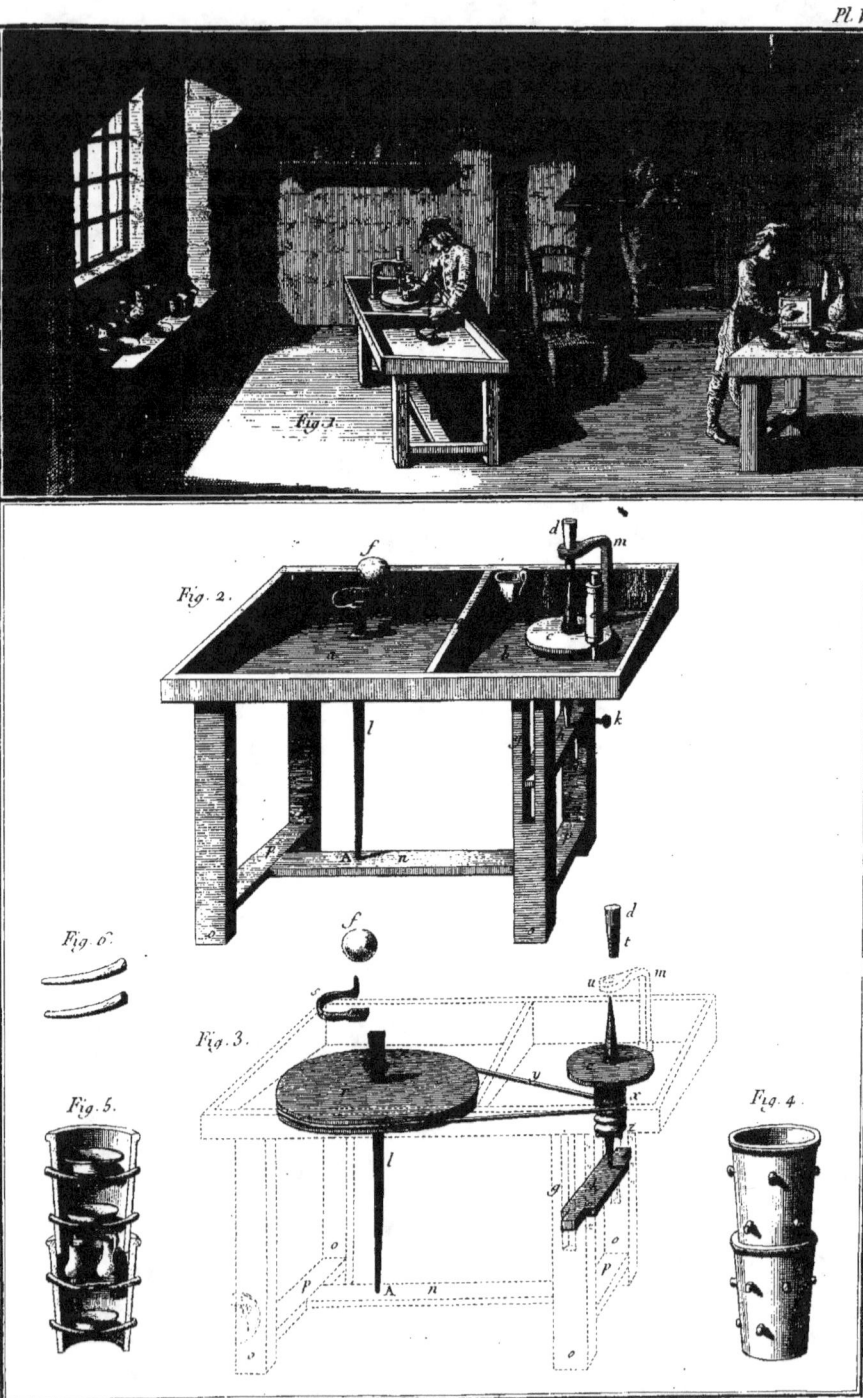

Pl. V.

Fig. 3.

Fig. 2.

Fig. 6.

Fig. 3.

Fig. 5.

Fig. 4.

Dessiné et Gravé par N. Ransonnette.

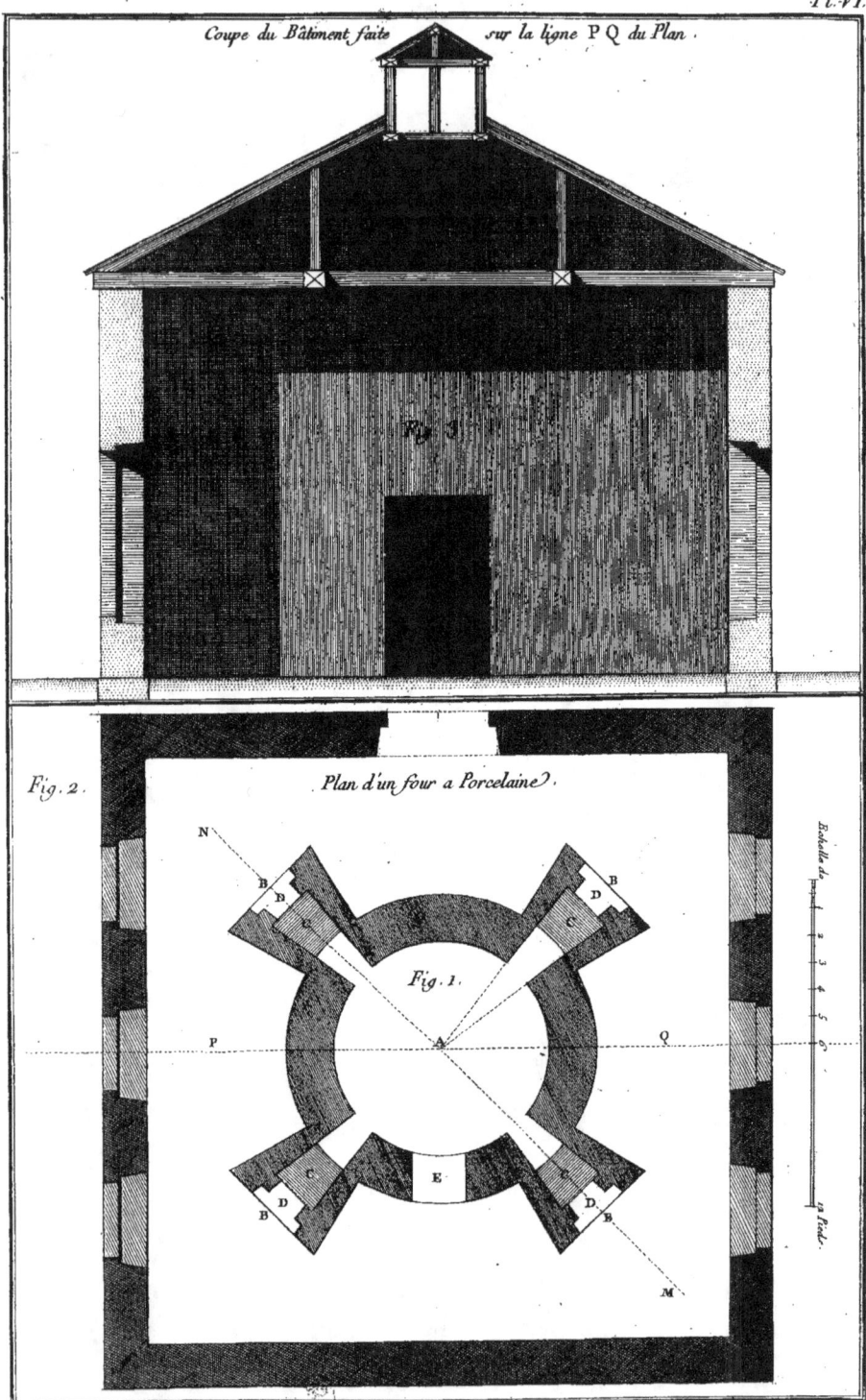

Pl. VI.

Coupe du Bâtiment faite   sur la ligne P Q du Plan.

Fig. 3.

Fig. 2.

Plan d'un four a Porcelaine.

Fig. 1.

Echelle de

12 Pieds.

Dessiné et Gravé par N. Ransonnette.

Pl. VII.

Coupe géométrale, prise sur la ligne M N du Plan A Fig. 1. Pl. VI.

Fig. 3.

Fig. 2.

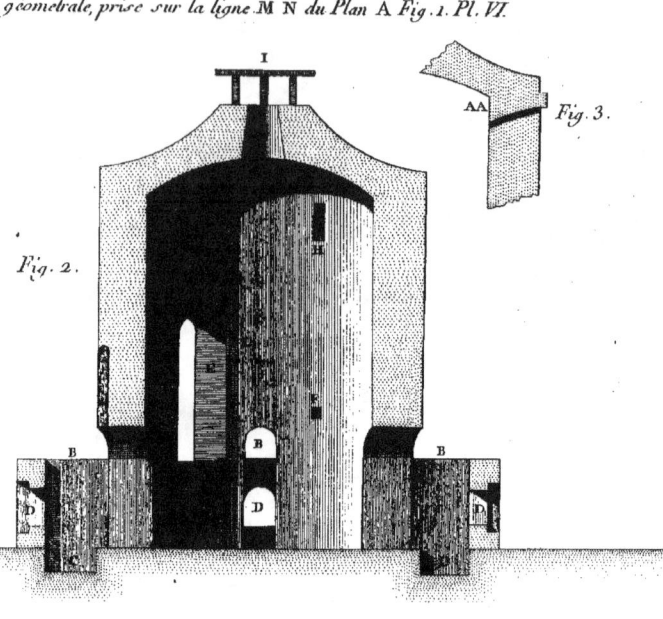

Echelle de ___ 1 2 3 4 5 6 _____ 12 Pieds.

Elévation en Perspective d'un Fourneau a cuire la Porcelaine.

Fig. 1.

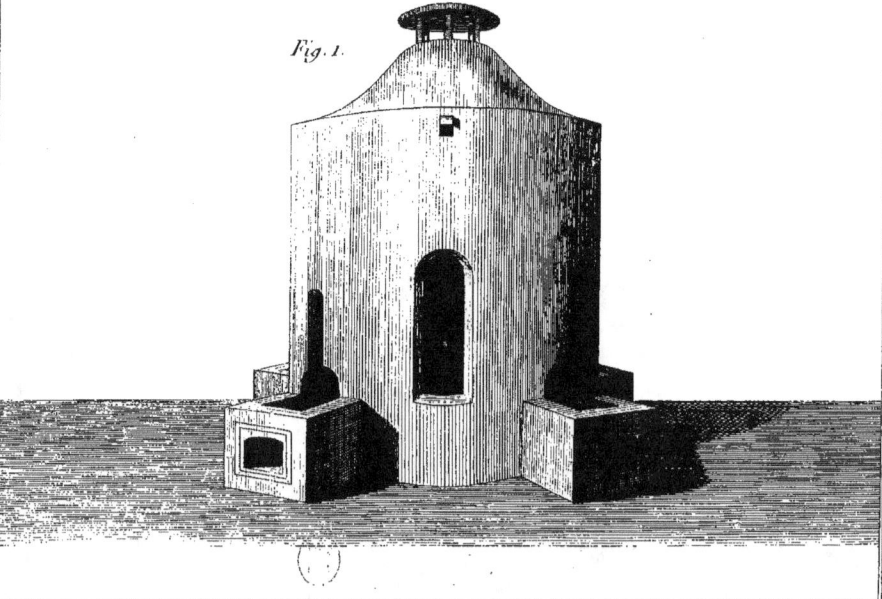

Dessiné et Gravé par N. Ransonnette.

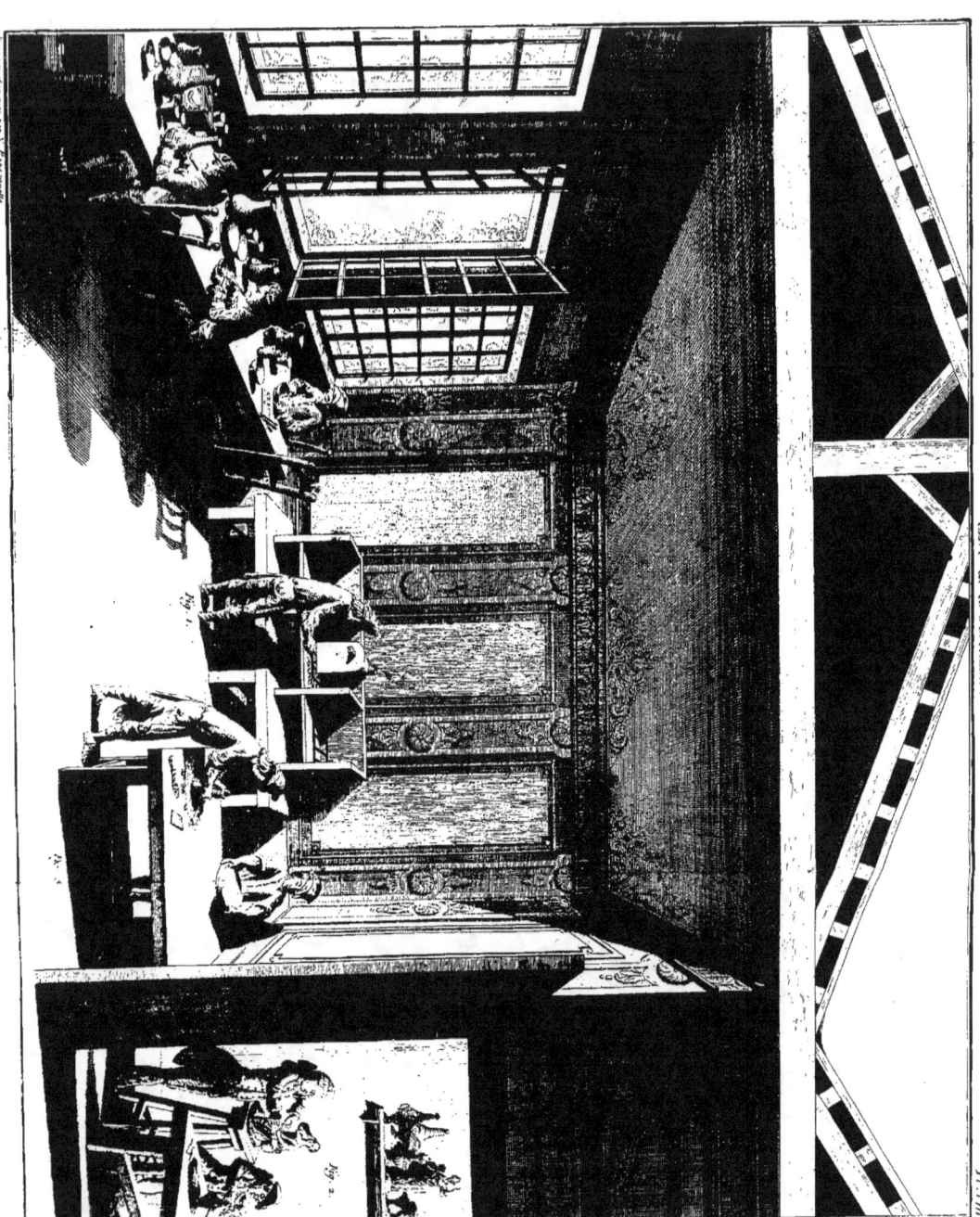

Pl. VIII.

www.ingramcontent.com/pod-product-compliance
Lightning Source LLC
Chambersburg PA
CBHW071559220526
45469CB00003B/1064